JOANN SFAR

Gainsbourg
(hors champ)

DARGAUD

PARIS

Merci à Marc Du Pontavice et Didier Lupfer de m'avoir fait confiance.
Merci à Bertrand de Labbey dont le soutien affectueux a rendu ce film possible.

Merci à toute mon équipe grâce à qui je me suis senti invincible.
Merci pour votre travail, pour vos regards, pour votre délicatesse.
J'adore traverser la tempête avec vous !

J. S.

Ceci n'est pas un film. Il ne s'agit pas non plus d'une bande dessinée et je ne crois pas
qu'on puisse appeler tout ça un scénario. Nous rassemblons dans le présent volume
une sélection de dessins issus des quarante carnets qui m'ont accompagné
tout au long du projet Gainsbourg. Ce sont principalement des dessins d'écriture.
Ils m'ont servi à convaincre les différents collaborateurs. Ces dessins m'ont permis
de me faire une idée de mon histoire, puis de tout expliquer à mon équipe.
Tous les jours, c'est mon yoga. Même entouré de camions et de bruit et du cirque
d'un tournage, le dessin constitue l'étoile du Nord, la légitimité et l'appétit de réel,
de rêve, il donne des forces. Ces dessins ont pu être entamés avant la première mouture
du scénario. J'écris comme ça, comme dans une bande dessinée, sans me préoccuper
de découpage cinématographique ou de format d'écran. Je laisse les personnages
prendre toute la place. C'est dessiné pendant que je me documente. Quand je suis perdu.
Quand je ne sais pas encore de quoi il sera question. Puis ça dessine à nouveau pendant
les longs mois de préparation du tournage : c'est une période où l'on s'adresse spécifiquement
aux costumes, aux décors, à l'opérateur. On trouve pour chacun des membres de l'équipe
le dessin qui aidera à se comprendre. C'est beaucoup plus précis que des mots
et ça n'est jamais un point final. Je leur dessine quelque chose et ils me répondent.
Puis je dessine encore. Parfois ils me répondent avec une robe, avec une maquette de décor,
avec une terre glaise représentant un des monstres du film.
Parfois ils me font un dessin "réaliste" pour que je comprenne qu'une aquarelle ça n'est pas
le vrai monde. C'est des travaux manuels ce film. Pour des coiffures, pour le maquillage,
tout relève du trait, de la mesure, de choix éthiques puisqu'il n'est jamais question d'autre
chose quand on imprime la forme de notre pas sur le sol, dans la fleur du papier
ou sur pellicule. On brûle des choses. Ensuite il y a le découpage graphique dont je termine
les images à la cantine, parfois quelques minutes avant de tourner, et souvent n'en tiens
même pas compte. Souvent je ne le montre qu'à ma scripte et mon opérateur.
Il arrive même que je ne montre rien. Ça reste dans le carnet, sous mon bras et ça me rassure
dans ce monde nouveau. Je pense aux expressions que j'ai données à mes bonshommes
et je me souviens d'essayer d'obtenir ça des comédiens et je veux qu'ils aient l'impression
d'y être allés tout seuls.

Je ne veux pas qu'ils sachent que j'ai sous le bras un carnet qui contient le jeu
que j'aimerais. Les comédiens, je ne leur montre jamais ces dessins parce que ça
les bloquerait. Je découvre leur métier. Au début je crois que c'est nouveau et petit
à petit je m'aperçois que c'est exactement du dessin, leur art : ne jamais chercher à faire
joli mais traquer des gestes justes. Détester les mimes. Aller en ligne droite mais surprendre.
Finalement, plutôt que chercher à inventer un personnage extravagant, leur art consiste
à dire un texte. Finalement, c'est pareil que les bandes dessinées. Pourquoi c'est si bien
quand c'est Pratt ? Pourquoi c'est si bien quand c'est Elmosnino ? Moi je suis amoureux
des poètes qui savent dire un texte. C'est pour ça, sans doute, que j'aime Gainsbourg.
La poésie, ça n'est pas une chose douce, bienveillante et démocratique.
C'est des coups de scalpel, un vol de chauve-souris dont les inflexions imprévisibles
font frissonner. C'est se brûler, montrer les blessures, passer pour un menteur et atteindre
en réalité cette "sincérité totale" dont Gainsbourg parlait tant. Il disait que cette honnêteté-là
coûtait très cher et que sans elle un artiste n'était rien. La joie enfantine et la nécessité
constante de se faire mal. Et exhiber les blessures. Et chavirer de l'héroïsme tragique
vers le ridicule. Et chausser des lunettes ou un masque ou une barbe transparente.
S'apercevoir, après avoir ôté tous les boucliers, que même les intimes ne nous épargneront
pas. Dire jusqu'à bégayer "*Ecce homo*". Je suis là. Si vous souhaitez me faire mal, appuyez là.

Je cherchais Gainsbourg et j'ai rencontré les comédiens. Il paraît qu'un cinéaste ne doit pas
trop aimer les comédiens parce qu'alors ils le mèneront par le bout du cœur.
Fellini disait d'eux : "Si le marionnettiste est bon, les marionnettes seront heureuses."
Mais moi je suis dessinateur et je suis amoureux des comédiens et de l'arène où ils se jettent.
Ils risquent leur peau chaque jour où ils travaillent et quand ils n'ont pas de boulot,
c'est encore plus périlleux. Ils cherchent un endroit étrange où combler le désir des autres.
J'aime cette prostitution-là, celle du dessin n'est pas éloignée. Et une grande partie
des dessins de ce livre sont des lettres amoureuses, pour Eric Elmosnino et pour tous
les autres. Comment ça se passe ? On attend tout le temps ? Pas moi. Moi on me trimballe
dans tous les sens sur le tournage. Mais en permanence j'ai une table pliante et une lampe
de spéléologue et un carnet/gouaches/aquarelles. Et je dessine d'après nature mes comédiens,
les décors, les costumes. On verra donc voisiner dans les pages qui suivent des dessins qui
datent de l'écriture du scénario et d'autres d'après nature. Entre le moment où j'ai griffonné
une Bardot imaginaire marchant dans un couloir et le jour où j'ai peint d'après nature
Lætitia Casta en cuissardes, deux ans se sont écoulés.
Pour moi, c'est un exercice de dessin complètement nouveau. Confronter une de mes fictions
au dessin de nature. Quand j'ai fait ces peintures de Lætitia, elle venait de m'annoncer
qu'elle attendait un bébé. Grâce aux dessins je me souviens de tout.
Mince, je me souviens des noms de presque tous les figurants, ça n'est pas normal.
Ou alors ça signifie que j'ai été particulièrement heureux sur ce tournage.

J'avais sans cesse un sourire d'une oreille à l'autre et les larmes aux yeux et de la gratitude d'avoir trouvé un petit cirque où j'ai ma place. S'apercevoir, après vingt ans à dessiner seul, qu'une petite armée française bardée de projecteurs et de câbles veut bien jouer avec moi. Avant de les rencontrer je n'avais de l'amour qu'après avoir fini un livre. On voyait les lecteurs et on se disait que ça valait le coup. Avec le cinéma, c'est même pendant la création qu'on se sent porté par des âmes bienveillantes. Par des artistes aux allures d'équipage de marine marchande qui disent d'un air bourru qu'ils veulent bien se casser le cul pour mes conneries. Je me souviens de tout. J'ai hâte de les revoir tous et je leur dédie ces dessins.

Je me souviens aussi de Benoît Lestang qui a imaginé à mes côtés les premiers maquillages de ce film et qui devait réaliser son propre film et Benoît s'est tué et je ne sais pas pourquoi et je pense à lui. Je pense à Roger Mollien, sociétaire de la Comédie-française qui a inventé pour nous le père imaginaire de France Gall. Il est mort cette semaine. Il ne verra pas notre film.

Et je me souviens de chaque instant avec ma Jane Birkin. Et sa mort récente m'a rappelé cruellement comme nos rencontres sont à la fois intimes et superficielles. Nous ne savions rien de nos "vraies" vies. On s'est vus nuit et jour pendant quatre mois de préparation et quatre mois de tournage. On a passé notre temps à se parler de Gainsbourg et de Birkin. Je ne me souviens pas qu'une seule fois nous ayons été tristes ou graves.
Nous avions auditionné plus de cinq cents jeunes comédiennes pour interpréter Jane Birkin. Toutes anglaises. Aucune ne me convenait. En désespoir de cause, j'avais même écrit une longue lettre à Keira Knightley qui n'a jamais répondu. Personne n'avait le naturel, la joie et l'intelligence de Birkin. Puis Lucy m'a écrit quelques mots : "Je suis anglaise mais j'habite à Paris, j'ai été jusqu'à Londres pour voir votre directeur de casting anglais mais il a dit que je n'étais pas intéressante." Et nous avons vu Lucy. Et elle a tourné quelques lignes d'essai avec Eric Elmosnino et on ne se préoccupait plus ni de la vraie Birkin ni de ressemblance ni de rien. Nous avions Lucy qui rayonnait et qui jouait, avec la caméra, avec Eric, avec les costumes et tous les jouets qu'on lui mettait sous le nez. Et quand on lui a dit que c'était elle qui aurait le rôle, elle est devenue très inquiète parce qu'elle pensait que ce n'était pas vrai. Elle mangeait des glaces Berthillon avec son papa. Elle s'occupait de son chien qui était aussi moche que mon chien et elle essayait surtout de ne pas avoir l'air trop joyeuse parce qu'elle pensait que peut-être j'avais dit ça en l'air et peut-être on allait prendre une autre comédienne. Ensuite, comme elle a compris que tout allait bien (il y avait des caméras partout, forcément il allait y avoir un film), elle s'est mise, sans cesse, à faire des cadeaux à tout le monde. Je me souviens de chaque moment avec Lucy. Nous avons enregistré sa chanson avant le début du tournage et elle ne parvenait pas à chanter debout.
Elle chantait trop bien.

Je voulais qu'elle ait l'air d'une princesse qui chante uniquement pour s'amuser.
Alors je lui ai suggéré de s'allonger sur le piano. Et je me souviens qu'elle avait peur
d'abîmer le piano parce qu'elle avait un pantalon de rocker en cuir avec une boucle
de ceinture. Alors je lui ai dit que je m'en fichais qu'on abîme le piano et ça l'a fait rire
et elle a chanté allongée sur le piano, en battant des jambes comme font les enfants.
Je crois que ça l'amusait de faire un film avec un garçon qui n'avait pas peur
d'abîmer les pianos.
Lucy venait sur notre tournage même les jours où on ne tournait pas.
Un jour j'ai dû me déguiser en Georges Brassens pour le film et comme elle savait
que j'avais le trac, elle est venue me donner du courage, et elle m'a pris en photo.
Je me souviens comme elle était inquiète de ne pas faire les choses bien.
Je me souviens que je disais juste que je voulais qu'elle s'amuse.
Je me souviens quand on tournait dehors la nuit jusqu'à cinq heures du matin,
avec du froid et de la pluie. Elle faisait semblant de ne pas avoir froid.
Et elle souriait tout le temps.
A chaque fois, avant de tourner, on lui mettait deux énormes bigoudis dans les cheveux
alors je l'appelais Mickey Mouse et on riait. Et je lui disais toujours d'ouvrir grands
les yeux alors elle se moquait de moi. Et le chien Nana sentait très mauvais alors
comme on le caressait tout le temps on sentait mauvais nous aussi.
Et j'ai eu cent comédiens dans ce film, mais la seule personne qui m'ait fait un cadeau
c'était Lucy. Elle m'a offert un étrange instrument à cordes avec une méthode
d'instruction en turc, et elle m'a écrit : "C'était le plus beau tournage que j'aie jamais
fait et tu m'as donné un énorme cadeau."
Est-ce qu'elle se rendait compte de ce qu'elle donnait, elle ?
A ceux qui la voyaient, à moi pour mon premier film, à cette équipe ?
Je me souviens que Kacey, le petit comédien qui joue Gainsbourg enfant,
a voulu organiser un match de water-polo. Je me souviens qu'à ceux qui ne voulaient pas
jouer parce qu'ils étaient épuisés, Lucy a expliqué : "Il faut que tout le monde y aille
parce que c'est comme s'il organisait sa fête de fin de tournage."
Alors nous sommes tous allés faire du water-polo et Lucy jouait aussi mal que moi
et c'était très amusant.
C'est un premier film. Je n'ai pas encore bien l'habitude de faire la différence entre mes
images et le vrai monde. La princesse de notre conte de fées n'est plus là.
On a appris ça quand nous montions des images d'elle. La vraie Jane Birkin
nous appelle, nous réconforte. Je me sens toujours inutile et faible, à inventer des fictions
plus joyeuses que le monde.
Pas le temps de panser nos vieilles blessures. Toujours de nouvelles déchirures.
Je pense sans cesse à Lucy. Je ne suis pas le seul.
Le film est pour elle.

Je crois comprendre pourquoi les éditions Dargaud ont décidé de publier
ce gros carnet avant Noël et si cette stratégie permet de rendre viable un livre
aussi étrange, tant mieux. Il n'en constitue pas moins, comme on dit sur Internet,
un MEGA-SPOILER-DE-LA-MORT. Bien entendu ça n'est pas le scénario,
mais ça raconte tout de même beaucoup de choses. Dans l'idéal, j'aimerais bien
qu'on voie d'abord le film avant de plonger le nez dans ces carnets.
Je crois que ces dessins n'ont d'intérêt que dans le rapport dialectique
qu'ils entretiennent avec le film. Je crois que ce "hors champ", dessiné avant,
dessiné à côté de la caméra, c'est du travail de ruminant.
Si vous voulez me faire ce cadeau, ne pas lire le carnet avant de voir le film,
je vous en serai très reconnaissant.
Comme vous le découvrirez, beaucoup des choses écrites dans les carnets
n'existent pas dans le film. Ça m'amuse de montrer ça.
Les moments où on joue les sourciers, quand on ne sait pas où ça va.

Méthode de travail. Pratique du mensonge et de la documentation.
Le film sur Gainsbourg est un conte. Il est truffé de mensonges.
Je cherche des résonnances intimes, des échos secrets avec Gainsbourg.
Je le tire vers mon univers. Ma méthode, c'est de tout savoir sur lui, comme si j'allais écrire
une histoire très réaliste. J'apprends quasiment par cœur la biographie de Gilles Verlant,
qui a été pratiquement coécrite par Gainsbourg. Puis je lis tous les autres livres
qui parlent de Gainsbourg. Je lis toutes les interviews. Puis, carnet en main, j'épluche toutes
les archives télévisuelles et radiophoniques. Allez, je crois que j'ai vu plusieurs fois, entendu
et pratiquement appris tous les moments publics de Gainsbourg. Ensuite je passe aux films.
Les films qu'il a réalisés. Ceux dans lesquels il a joué, même les moins honorables.
Ceux quasi inconnus auxquels il a prêté sa voix comme ce dessin animé où il fait la voix
d'un diable. Je rencontre les proches qui veulent bien me recevoir et très vite je m'aperçois
que je ne veux pas creuser dans cette direction. Charlotte me dit : "Tu sais, il n'était pas
du tout le même dans la vraie vie qu'à la télé." Je me dis instantanément que si la télé
est une construction, si l'intime ne me regarde pas, je dois poser les bases d'un dialogue
poétique avec le seul Gainsbourg dont je puisse légitimement me réclamer : l'artiste.
Celui dont les chansons ont construit mon parcours graphique et érotique.
Ma principale source de documentation devient alors l'œuvre de Serge Gainsbourg.
Je l'aime pour les chemins secrets qu'il a ouverts en moi au sortir de l'enfance
et je vais essayer de retrouver cette sensation de l'époque où Serge Gainsbourg
était mon héros. Donc je copie jusqu'à l'obsession les phrases qu'il a écrites.
J'essaie de retrouver la stance, la diction, la rigueur élégante. J'essaie de traduire ça
en images et de construire un portrait existentialiste de ce poète français.

Je donne, dans cette perspective paranoïa-critique, une importance démesurée
aux mensonges de Gainsbourg. Don Quichotte, Cyrano, Dom Juan, Sganarelle,
Serge Gainsbourg est un nouvel archétype théâtral. Je suis détaché du poids de dire
définitivement Gainsbourg. Je montre mon Gainsbourg, celui qui m'a fait aimer mon pays.
Aucun des mensonges de mon film n'est futile ou gratuit. Chaque image, chaque scène
résonne de rencontres, de souvenirs ou de secrets. J'aimerais qu'on puisse voir ce film
si on ne sait rien de Serge Gainsbourg. Je voudrais aussi que ceux qui sont familiers
de son œuvre soient attentifs aux détails, aux indices. Dans chaque décor, chaque costume,
chaque maquillage, nous avons installé des coquillages creux où résonne le réel.
Les objets, les moments ne sont jamais là pour rien. On a joué à mentir mais on prend
nos mensonges très au sérieux. Le plus souvent, on y retrouve la voix de Serge.
Jane Birkin m'a dit qu'elle ne sait pas si elle aimera mon film mais elle a dit qu'elle était sûre
que Serge aurait été fier. Elle m'a dit que ça ne sera jamais aussi bien que la vraie vie.
Elle m'a dit que je dois bien répéter que tout ça est un conte de fées. Surtout, il y a une scène
de mon film où Serge tire au pistolet devant Charlotte et Kate. Bien entendu ce moment
est symbolique. Mais autant le dire noir sur blanc : Serge n'aurait jamais fait quoi que ce soit
qui eût pu mettre en danger des enfants. Il possédait une arme, me dit Jane, il menaçait
sans cesse de se suicider. Mais il prenait soin de laisser le flingue, le chargeur et les balles
dans trois lieux très éloignés.
Je crois que le public est assez mûr pour voir le dialogue qui se joue entre ma dramaturgie
et le réel. On comprend, mais autant le redire, que je n'ai pas voulu violer l'intimité
de Serge Gainsbourg, père, mari, homme réel. J'ai parlé d'un homme.
Razvan, qui joue le père de Serge, déteste la psychologie. Moi aussi.
A chaque fois que je risquais d'expliquer trop une scène, il répondait : " C'est un homme,
ça me suffit." Reste donc, comme dans les œuvres théâtrales, la nécessité de dire le texte.
Je truffe mon scénario de vraies phrases de Gainsbourg. Puis je les enlève et il en reste
l'empreinte. Je fuis les imitations superficielles et je m'accroche aux moments spirites
où se décrète une présence dynamique. Comme quand au Talmud, on m'enseignait
à convoquer des générations de rabbins, comme quand je les sentais vivants autour de moi
et qu'ils m'autorisaient avec eux un irrévérencieux dialogue, car ils devenaient vivants
par ce Pilpul. Les sœurs de Gainsbourg m'ont dit de bien faire attention à ne pas trop
le transformer en juif religieux. Elles m'ont bien expliqué qu'Olga et Joseph les avaient élevés
dans la culture laïque et républicaine. Elles ont même eu cette phrase un peu maladroite :
" Prenez bien garde que votre histoire ne provoque pas l'antisémitisme." J'ai pensé à des mots
de Droit. J'ai pensé à mes grands-parents qui avaient toujours peur quand un juif devenait
trop voyant. J'ai essayé de ne pas trop enjuiver Gainsbourg. Mais je me souviens
des entretiens où il répétait crânement "je suis juif et russe mais juif d'abord."
Et je le mets dans mon panthéon de gloires françaises et juives et russes,
à côté de Romain Gary. Qu'ont-ils en commun ?

Le fol espoir de fondre dans l'universalisme français l'universalisme juif.
Ce rêve se brise en 1967. Pour Gary qui prend ses distances avec de Gaulle.
Pour Gainsbourg qui écrit *Le Sable et le Soldat* qu'il offrira à l'Etat d'Israël.
Je ne parle pas de ça dans le film. Parce que, pour Gainsbourg, c'est du romantisme.
C'est un geste, une tentative de se souvenir comme la Palestine fut un rêve d'avant-gardistes
odessites. C'est le Bund où il a passé deux ans. Son père est fier de cette chanson,
écrit à ses filles, à mots couverts, pour raconter l'engagement de Serge.
Et ? Et je crois que, comme Romain Gary, Gainsbourg aimait au-delà de tout
la France et Paris. Donc son projet poétique "Juif et Russe" ira vers une France bousculée,
dépoussiérée, accueillante, dont il aimera jusqu'aux manifestations les plus grotesques,
allant jusqu'à collectionner les insignes de police nationale.
"Les flics étaient ses seuls vrais copains" m'ont répété et Birkin et Bambou.
Le Gainsbourg qui écrit pour Israël, c'est l'amoureux de Bardot.
Celui de *Bonnie and Clyde*. *Le Sable et le Soldat*, cette chanson sera reniée, cachée,
ne figurant jamais dans aucune compilation. Bien entendu ça n'est pas anodin
et c'est l'histoire d'une tentation.
C'est Kafka tuberculeux qui s'imagine qu'il doit apprendre l'hébreu pour écrire enfin
dans une langue accueillante. C'est un mirage d'appartenance, comme une bouffée
d'imaginaire engloutie avant de s'atteler à une tâche ô combien plus exaltante : secouer
le vrai monde. Je crois que le Gainsbourg abandonné par Bardot n'a d'autre choix
que de façonner un pays plus conforme à son esthétisme et sa soif de modernité.
Est-ce que c'est exprès ? Quelle importance ? Dès qu'il importe Birkin, Gainsbourg devient
indissociable des changements politiques, esthétiques et amoureux de notre pays.
Rien à foutre de 68. Plus égoïste que ça. De cet égoïsme qui produit sans en avoir l'air
des changements profonds. Devenir un soleil autour de quoi tout doit graviter.
Susciter la haine. En être tout étonné. Marcher à pas légers sur l'air du temps.
Décider que la mode sera toujours en retard. Habituer tout un pays à suivre le métronome
de ses souliers blancs. Avoir un fauteuil première classe aux côtés de Dali, Vian ou Satie.
Je crois que je ne raconte rien de tout ça dans le film. Toutes les choses qu'on ne raconte pas,
je sais très bien ce qu'en dirait rabbi Nahman. J'aime toutes ces considérations de kabballah
sur le silence, la forme, le moule, les traces. Ils commencent par vous parler de dire un texte
et ça se termine en histoire de cul.
Il y a toujours un moment où ils finissent par vous dire que pour mieux entendre
l'enseignement de votre rabbin vous devez dormir sous son lit et écouter comment il baise.

J'aime bien tout ce dont le film ne parle pas. Je voudrais n'apporter aucune réponse
sur Serge Gainsbourg. J'aimerais que les gens sortent du cinéma en se demandant :
"Mais en vrai, c'était qui, Serge Gainsbourg ?"

Au sujet de mon cul, j'ai découvert deux ou trois choses très récemment.

Par exemple, je me suis aperçu que je ne construis pas les mêmes images amoureuses au cinéma et en dessin. Quand je dessine, je verse volontiers dans la pornographie. Bizarrement, j'ai toujours utilisé l'image porno comme un geste pudique : montrer de l'organique pour éloigner un sentiment bouleversant. Parfois j'ai besoin que ça s'éloigne le plus possible du réel et que ça ait l'air d'un graffiti. Que ça ait le geste de quand pour de vrai on baise. J'adore que le dessin glisse vers une théorie d'anatomies planes, comme des fleurs écorchées au ciseau par un Matisse mal réveillé. J'aime aussi quand ça se pare des cochonneries algébriques d'un Grosz-Dix-Picasso qui compte les doigts, les poils, les ongles. C'est sans fin de dessiner des yeux et des langues et des dents et des astérisques en trou du cul. Et ça n'a rien à voir avec dessiner une femme. C'est une bagarre entre un garçon, une fille, deux mecs, des bêtes, une lampe torche si ça me prend. Ça n'est pas sur la beauté. C'est des fausses grossièretés au service de la fragilité des personnages.

– "Je vais t'exorciser" dit-elle en le suçant.

– "Si tu pouvais aussi m'exorciser les couilles" répond-il.

Je leur fais faire et dire ça en dessin. Pas en film.

J'ai découvert que je ne voulais pas de pornographie dans mon film.

Pas parce que je n'ose pas. Pas parce que je suis prude. Mais je déteste les contresens. J'aime le théâtre et je ne suis pas client des corridas. Sergio Castellito m'a dit un jour qu'il n'aurait pas confiance dans un comédien qui pleure pour de vrai. Je ne veux pas savoir de quoi ont l'air mes comédiens quand ils baisent. Et puis ça nous éloignerait. Quand on regarde un dessin porno, on s'identifie de façon très intime à tous les personnages, on s'identifie même aux poulpes de Hokusai quand ils lèchent une chatte japonaise. Mais quand on regarde un film porno, on est extérieur. On devient le mec dans l'ombre d'un club à partouze, qui se branle et c'est finalement une façon d'avilir le spectateur, les comédiens et les personnages. Je n'ai rien contre l'avilissement mais je n'ai pas envie que mon film serve à cette mise à distance. Si je veux que des images filmées produisent le même effet que mes dessins, je dois aller chercher dans la boîte à outils de Hitchcock ou de Buñuel : chercher à ne jamais quitter le monde de la représentation. Considérer le décor, les costumes et l'œil-cinéma comme autant d'objets transitionnels. La focale cinématographique m'oblige à quitter l'intimité gastrique du dessin pour entrer en terre fétichiste.

Dans cette perspective, ma décision de ne pas montrer l'acte sexuel ne relève pas de la pudeur. C'est une invite à la participation active du spectateur. Je l'oblige à ne pas être voyeur. Il faut qu'il conjugue lui aussi mon verbe préféré, le verbe des sociétés évoluées, celui qui rend acceptable toutes nos pensées de sauvages : jouer. Le bas troué de Sophia Loren dans *Une journée particulière*. Les cheveux noués de Kim Novac.

Les chemises de cow-boy des nanas de Russ Meyer : du sexe qui nous rend tous très jolis, les comédiens, les personnages et le spectateur. Les films pornographiques, ça n'est pas interdit, mais ça ne raconte pas ça. Peut-être que ça ne raconte rien. Ce suspense des spectacles vivants dont on ignore l'issue ne m'intéresse pas : quand on tue le taureau pour de vrai, quand on ne sait pas quelle équipe va marquer, quand on s'imagine que l'intérêt d'un film repose sur les "surprises" que ménage l'"intrigue". Toutes ces clepsydres de chez Leibniz m'ont l'air de tourner le dos à ce qui depuis Sophocle se joue au théâtre : la représentation du tragique, perçue non comme un enchaînement d'événements mais comme une permanence. Rien d'autre n'a d'intérêt à mes yeux : traquer les chemins invisibles sur lesquels nous tournons en rond. Le sexe, à cet égard, constitue une très précieuse serrure. Je crois qu'on ne l'actionne pas de la même façon avec un pinceau et avec une caméra. En caméra, je suis très puceau. On verra bien. Peut-être que sur tout ça, je vais changer. Il me semble tout de même que la matière de l'image cinématographique exalte une sexualité plus contrariée que celle du dessin. La jouissance du dessin pornographique est primitive et brute. C'est vraiment comme quand on baise. Au cinéma, on reste infantilisé, "puceauisé" : le réalisateur et le spectateur sont tenus de rester derrière la caméra. Ça les condamne à attendre, comme on reçoit le lait maternel, que le comédien puis le projectionniste actionnent le miroir aux illusions. Peut-être que la chose qui m'a le plus intéressé réside là-dedans : je n'ai pas une sexualité de réalisateur. Le côté gros malin qui cache ses cruautés derrière des attributs paternels (divins) grossiers, barbe et gros ventre. Je n'aime pas ce statut. Cette pose. Je n'aime pas le regard que ça implique. Quand j'entends Lars Von Trier expliquer ses petites cochonneries, je me sens très dessinateur. Il faut venir me chercher là-dedans, dans les raisons intimes pour lesquelles je n'aime pas la sexualité des réalisateurs de cinéma. Je vois ce que ça raconte, comme blessures et comme lâchetés de planqué, de petit enfant terrorisé qui se déguise en Bon Dieu. Le dessin véhicule infiniment plus de bienveillance, je crois. On est forcément beaucoup plus "acteur" quand on dessine. Les comédiens doivent afficher un courage dont le réalisateur s'affranchit, sauf peut-être quand il dessine. Je tiens beaucoup à cette hygiène : proclamer que les films de dessinateur se fabriquent dans un autre lieu que les autres films. Fellini, Schnabel, Kurosawa, del Toro, Scola, Burton, Gilliam, ces gens dessinent et j'aime croire que ça les entraîne dans un autre métier. Je veux bien qu'on vienne me chercher dans ces paradoxes-là. Comme quand Stephen King explique que toutes ses fascinations viennent des E.C. Comics, ces bandes dessinées d'horreur qu'il lisait petit. Quand il écrit que tout ce qu'il sait du roman vient des bandes dessinées. C'est la certitude, dès le début, d'avoir l'antidote à la méchanceté sèche des écrivains. Le dessin oblige un réalisateur à se mettre à nu, ça lui fait faire le métier des comédiens avant les comédiens. Ça l'entraîne vers le cirque, vers l'opéra. Il ne regarde pas pareil. Je pense aux petits yeux cruels de Von Trier, à la fausse assurance transpireuse qu'il affiche, pardon de m'en prendre à lui, mais c'est devenu un archétype.

On m'explique qu'avec le temps, je vais apprendre à moins aimer mes comédiens,
à les utiliser pour ce qu'ils sont, à les brutaliser. Je ne crois pas. Je crois que le dessin
me protège du "je vais leur faire faire ça". Je crois que le dessin m'autorise à "j'ai exploré
cette caverne avec mes couleurs, je sais les tristesses que tu y trouveras, tu peux prendre
ma main et nous y allons ensemble". La semaine dernière j'entendais Edmond Baudoin
parler des femmes qu'il aime et des femmes qu'il dessine. J'aimerais avoir sur les gens
que je filme un regard aussi aimant que celui de Baudoin, et ça n'est pas du tout ce que
les professeurs de cinéma appellent un "œil de réalisateur".

Baudoin est venu nous voir sur le tournage et il a offert un dessin à une comédienne.
Elle l'a remercié. Edmond lui a répondu : "Non, toi, merci d'être aussi belle."

Je voudrais savoir toujours dire des choses comme ça, sans jamais me sentir ridicule.
Je crois qu'il faut beaucoup de courage et de joie et de noblesse pour parler comme ça.
Et il me semble que l'œil des dessinateurs a beaucoup à faire au cinéma.
Comme si on disposait d'une vieille médecine.

Joann Sfar, 9 août 2009

Films favoris : "L'ATALANTE" "KING KONG" "Le facteur sonne toujours deux fois."

"- Merde ! Le réalisme, on l'a hors de l'écran. J'en ai rien à cirer du Réalisme. Parce que j'ai envie de m'évader. J'ai pas envie de m'asseoir dans un fauteuil de salle obscure pour voir, revoir, la réalité. Comme je m'évadais quand j'étais gamin avec Luc Bradfer ou PIM PAM POUM." S.G

Le film commence dans un appartement parisien.
Un petit garçon dans une famille russe
où on parle beaucoup
d'autres langues que
le français.

Le Père est au piano

Les dernières images du film
c'est Serge Gainsbourg qui chante
"La Marseillaise" en levant
le poing devant un public
de parachutistes.

Gainsbourg (vie héroïque)

Ça n'est pas un film sur la carrière d'un chanteur. C'est l'histoire d'un poète qui a décidé de conquérir la France en s'appropriant la langue française. Ça n'est pas une biographie, c'est un récit épique. Si ça n'a pas la forme d'un roman Russe, c'est loupé.

Il ne faut pas que ça soit une de ces biographies où on suit un personnage de sa naissance à sa mort avec l'idée que ça va intéresser les gens qui aiment sa musique.

♫ il faut une vraie histoire ♫

Je crois que l'histoire de Serge Gainsbourg peut être aussi épique que les travaux d'Hercule ou que le "Dom Juan" de Molière.

Je vois aussi que Serge Gainsbourg, par la façon dont il
interroge la société française, a beaucoup à voir avec
la figure du Christ. Je l'ai toujours pris très au sérieux
quand il balance au public son "Ecce Homo".
C'est un mélange de grande vulnérabilité et de volonté implacable.
D'un côté, il se donne en pâture aux vautours, de l'autre, il
tient la langue française par les couilles.

Je ne veux pas raconter toute la vie de Serge Gainsbourg. J'ai
envie de mettre en scène une conquête dont la victoire a
un goût amer. Le début de l'aventure c'est les rues de Paris
dans lesquelles il déambule une étoile jaune au revers du manteau,
la fin c'est Gainsbourg qui chante au milieu des jamaïcains
qui quittent la scène et le laissent seul derrière son micro.

Tout le film doit parler de cette idée:
Gainsbourg devient un héros français.

l'original

j'ai l'original
de la
Marseillaise

il se trouve des héros français. il s'aperçoit que les femmes sont plus accueillantes que l'administration française et moins regardantes sur le pédigree.

on devient français par les femmes et la littérature

ça n'est pas un séducteur cynique, c'est un type qui a besoin de bienveillance et qui la prend où on veut bien la lui prodiguer

quai Malaquais

il place la culture française tellement haut qu'il devient mieux que la France.
Malgré lui, il devient l'ambassadeur et l'avocat d'un pays qui ne le mérite peut-être pas.

je crois que la chance de notre pays, c'est que les immigrés l'ont toujours vu plus beau qu'il n'est en réalité, plus généreux, plus noble.

Pour moi, lorsque Gainsbourg chante sa Marseillaise, il est le seul français dans la salle.

♪ mister iceberg ♫

Je n'aime pas qu'on résume Serge Gainsbourg aux apparitions télévisées de la fin de sa vie. Pour moi, son parcours est aussi important et symbolique que celui de Romain Gary.

Je crois qu'il n'y a jamais eu de film sur cet héroïsme utopique des juifs Russes qui sont venus offrir à la France leur courage, leur poésie et leur haute opinion des hommes

SOKOLOV

musique de film: je suis un grand admirateur de T.Bone Burnett à qui on doit la bande son de "O'Brother" et de "Walk the Line".

Je pense qu'il a raison de ne travailler qu'avec des chansons enregistrées exprès pour ses films.

J'aimerais que le film sur Serge Gainsbourg n'utilise aucun enregistrement historique. Je voudrais qu'on fasse chanter nos comédiens, qu'on fasse des enregistrements spécialement pour ce film.

Mon ami Jean-Claude Vannier m'a assuré de sa collaboration enthousiaste sur ce projet. Il m'a dit qu'il pouvait retrouver la plupart des musiciens de Gainsbourg et faire des choses formidables. S'il le dit je le crois!

C'est intéressant, de redire un chemin musical dans une œuvre cinématographique. Ré-enregistrer ces chansons c'est montrer qu'on les a pensées, et que l'œuvre cinématographique ne veut pas se substituer au réel

Réalisme? Serge Gainsbourg s'était inventé un personnage. Je ne veux pas aller creuser dans sa vie intime pour rétablir une vérité dont je me fiche éperdument. J'aime trop Gainsbourg pour le ramener au réel. Je voudrais que ce film ait autant de jus qu'un western de Sergio Leone, autant d'élégance que du Fred Astaire.

Je suis un raconteur d'images, mon film sera très graphique.

J'aime Polanski, Scola, Tod Browning et les comédies musicales. Je voudrais faire un film où on reconnaisse mon regard dès la première image.

Il faut un Gainsbourg avec du souffle et plein de décors: plutôt Shakespeare que Racine: PARIS - LONDRES. PARIS - LONDRES. La Jamaïque.

Je veux faire un film culte, pas du journalisme.

Sur ce projet, je me dis que certains de mes livres plaident en ma faveur et permettent de voir quels chemins je vais emprunter. Nous joignons à ce courrier les deux premiers volumes de mon Klezmer, les deux albums de Pascin et le cinquième épisode du Chat du Rabbin. Ces trois récits parlent de Russie, d'artistes et de tous les éléments qu'on devrait retrouver si on me confie la mission de raconter Serge Gainsbourg.

Yaacov

Gainsbourg

le Russe Peintre

Pascin

Fernand le vampire

the Rabbi's Cat

Comme il sera question d'écriture et de moments solitaires, je voudrais que les fantasmagories des textes de Gainsbourg apparaissent dans l'histoire. Pour moi, la jambe de bois Friedland, c'est un vrai personnage. La fille sur l'épaule de Mister iceberg aussi. Ils lui parlent.

Je voudrais m'autoriser des choses de comédie musicale. Par exemple, à l'époque où il joue (mal) du piano dans des bars de nuit, j'aimerais qu'il rentre chez lui avec son piano. Un piano lourd à porter et il habite dans les étages. Et on entend les "déménageurs de piano" qui les soulèvent, le piano et lui. Et il rentre dans sa mansarde comme dans une chaise à porteurs. Comme un prince. Ça ne sort pas de l'histoire car il s'agit de fantasmagories qui ont du sens et qui sont représentatives de son paysage. Le monde de Gainsbourg doit avoir autant de présence que la réalité. Je voudrais faire "Peau d'Âne" ou "La Belle et la Bête"

26

(une plage de l'Atlantique à la tombée du jour. Serge Gainsbourg est avec une fillette de son âge : huit ou neuf ans.)
(ils jouent comme sur la toile de Gainsbourg où jouent deux enfants.

(pas de musique. Mais on entend la mer, le sable, pas de vent.)

(la fillette se lève et Serge Gainsbourg qui s'appelle encore Lucien Ginsburg la regarde s'éloigner. il est très amoureux)

Plage de l'Atlantique   Scène I

Sexy

Trenet

en laine
qui vont
mal

(Tandis que le petit reste seul sur la plage, un couple insouciant le dépasse, allant probablement au casino.
le monsieur a le canotier de travers et la cravate défaite. il a la main gauche sur le cul de la dame et
ils semblent heureux.

(le monsieur jette sa cigarette encore fumante)

(sur le sable, Lucien ramasse le mégot, le porte à ses lèvres)
et ne suffoque pas.

(on entend l'instrumental de la valse de Melody)

(le ressac suit le rythme de la valse)

(les derniers rayons du soleil disparaissent à l'horizon. Le petit garçon fume.)

La natation du générique

idées pour le générique: (remplace Générique et scène 2)

Lucien fume

tête en contre-jour dans le soleil couchant

Est-ce qu'il écrit du bout de l'orteil des "Lucien"
sur le sable?

- est-ce que la marée lui recouvre les mollets

fait disparaître son Prénom?

est-ce qu'il s'enfonce dans l'eau l'air indifférent?

est-ce qu'il s'amuse à...

... presque se noyer?

est-ce qu'on voit encore la rive?

est-ce que l'eau prend progressivement...

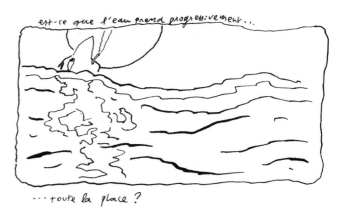

...toute la place?

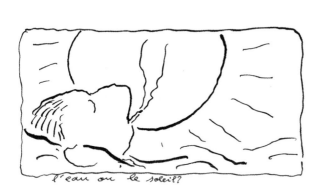

l'eau ou le soleil?

est-ce que lorsque l'eau aura rempli tout l'écran on verra...

... des poissons qui fument? Et le gamin qui plonge sous la surface? (en animation dès qu'on passe sous la surface?)

même sous l'eau il fume

et les poissons deviennent...

... des parisiens ... et lui il nage

même si l'eau s'est changée en nuages ...

... il nage au-dessus de tout ça façon peter pan

il arrive près d'une drôle d'affiche

se hisse péniblement sur le globe à l'intérieur de l'affiche

... avec son maillot de bain il est juché là-dessus ...

... comme sur un ballon de plage.

11 bis rue Chaptal
un peu + de de Chopin

PLOMBERIE

11bis

Serge Gainsbourg est né près de la S.A.C.E.M. Près du Hot Club de France.
Aujourd'hui, face à cette maison, on trouve le "musée de la Vie Romantique"

—Pourquoi je dois faire du piano? Toi tu fais du
piano et ça nous rapporte rien

le Père a encore l'air
d'être dans les années 30

la maman.
une coiffure de "dame"
épaissir un peu Dinara
pour la vieillir un peu

col Roulé pour Lucien

il a l'air d'un petit corbeau

Classe des l'enfance.

dinara

a maman vient
une toile de Valentin Serov.
e est imaginaire. On
it être très amoureux
lle. Je veux que
spectateur pleure
ne qu'il ne peut
as se blottir
ontre elle.

dinou

Elle s'en fiche
du vrai monde
et des années 40.
Elle est aussi
séduisante que
mille neuf cent vingt !

Scène 3

à portée de main un mouchoir imbibé de larmes.

scène III

la leçon de piano est une torture quotidienne.

L'appartement est une petite Russie protectrice. Ouvert. Le Samovar fume.

46

La créature ressemble à ces fantômes qu'on trace sur les vitres.

je suis plein de musiques et de dessins. j'essaie de me les
sortir du crâne. mais plus je vide mon esprit plus il
se remplit rapidement. C'est comme plein de poux, de punaises
et d'araignées. mes yeux, mes tympans et la pointe du crayon tels
des bouchons de lavabo. j'ouvre et ça s'écoule. Mais c'est jamais vide.

je n'aime pas la musique. la musique c'est toujours pareil.
Sauf quand c'est bien.

un magasin du XVIIe arrondissement. Bien achalandé malgré la guerre. Les rayonnages pleins doivent nous faire dégueuler.

Boutique
"Le Goût Délik"

à la place du marchand, mettre une dame. ça sera plus cruel.

il passe devant une affiche anti-juive. Depuis le globe terrestre qu'il enserre de ses tentacules, le dessin monstrueux tourne les yeux vers le jeune Lucien.

Tandis que Lucien continue d'ânonner La Marseillaise dont il ne connaît pas toutes les paroles, la caricature aux lèvres lippues sort de l'affiche.

Dans le dos de Lucien, le monstre se laisse tomber au sol comme une grosse araignée.

Lucien voit le monstre.

il est terrarisé. il fait comme si de rien n'était. il accélère le pas. il ne se retourne plus.

il se met à courir le plus vite possible
mais pas moyen de distancer la gargouille...

... qui n'a pas l'air si méchante

... qui se met à imiter sergetter ...

Lucien et le monstre se mettent à danser

comme dans une comédie musicale de Broadway

sur une musique qui devient jazz

Entre Gershwin et Trenet

le monstre a l'air apaisé, heureux?

Mais Lucien le met en joue avec son revolver de cow-boy

On entend une déflagration. Un vrai BRUIT de flingue

générique?

K R A K

Cette abominable affiche est l'œuvre de mon ami Antoine Fontaine. Je la veux dans ma chambre !

"Je suis Juif et Russe mais Juif d'abord. Je suis Russe, seule mon éducation est française." S.G

c'est l'histoire d'un petit pianiste ....

... tout le monde lui dit "on veut plus voir ta gueule"...

...et même dans les pianos-bars pourris c'est "on veut plus voir ta gueule"...

... "on veut plus voir ta gueule". Alors il en a marre...

Flip book

1   2   3   4

... il décide de la faire enfler le plus possible, sa gueule...

5   6   7   8

...Plus on lui parle mal, plus elle grossit, sa gueule...

9   10

... jusqu'au jour où PLAF! elle explose! Et il est mort? Non!

La Gueule s'est transformée en autre chose: Le professeur Flipus. C'est quoi?

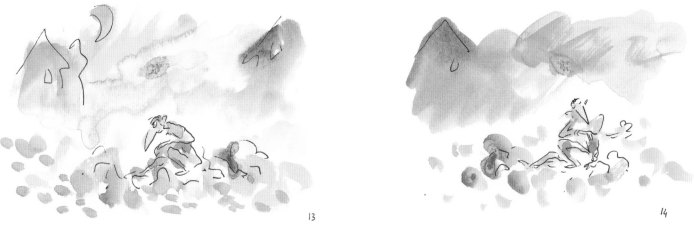

C'est un bonhomme qui fait peur. Mais les gens l'aiment. ils aiment le détester.

ils l'aiment comme on aime les ogres des contes de Grimm.

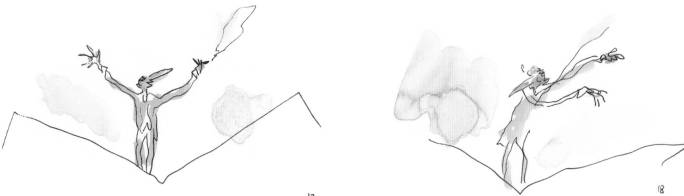

(Place Blanche, là où les musiciens attendent un engagement)

Mon père, c'était pas le Professeur Flipus.

Déjà avant guerre, on le prenait que pour des remplacements, alors sous Pétain...

(Certains musiciens discutent bien au chaud dans le café, Joseph et d'autres sont contraints d'attendre dehors)

il y avait des musiciens qui lui disaient "toi t'as pas le droit d'être dans l'orchestre, t'as pas le droit de jouer parce que t'es juif, calle-toi!"

Papa, pourquoi t'es pas assis?

C'est comme ça, Lucien

Il y a des musiciens qui ont le droit de s'asseoir et d'autres qui attendent debout.

Je crois qu'aujourd'hui, t'auras pas de travail. Tu ferais aussi bien de rentrer.

Je vais encore attendre un peu.

Ça finissait toujours pareil.

je sortais du placard en pleurant

mes sœurs se fichaient de moi.

Puis je finissais par me marrer aussi.

Ha! Ha! Ha! Ha!
Ha!

Et au repas c'est mon père qui se mettait à chialer.

pardon de t'avoir tapé,
pardon tu es mon roi,
tu es mon petit
Lucien

il me prenait sur ses genoux, il s'excusait pour la ceinture, on s'embrassait. Je lui promettais de plus faire de conneries il jurait de plus me mettre dans le placard si j'étais sage.

Papa   Oui LULU   je crois que j'aime encore mieux quand tu cognes que quand tu t'excuses.

j'aimais pas quand il s'excusait.

" je me suis pas un intellectuel. J'ai toujours subi mes lectures. J'avais deux soeurs qui étaient deux élèves brillantes et je leur piquais leurs bouquins " S.G.

ensuite, ma mère chantait, on chantait tous.

c'était très rude

quand la table était débananée, on dépliait mon lit.

je dormais dans le salon. (Bruits du matelas en fer, mouvements de rideaux, dés qu'il est seul dans l'obscurité, il a la frousse)

Jacqueline, j'ai peur !

Lis-moi une histoire.

Laquelle ?

Celle du petit garçon qui n'était pas sage.

Mais elle est horrible !

Ouais !

Ça va te faire encore plus peur.

Non.

j'ai peur que du silence

Il était une fois un enfant difficile, de caractère entêté, qui ne faisait jamais ce que sa mère lui disait. Alors le Bon Dieu qui n'était pas content de lui le fit tomber malade

Il n'y eut pas un docteur capable de
le guérir. En peu de temps il fut couché
dans son petit cercueil ...Tu fais quoi?

Je fais le petit
enfant mort,
continue...

Mais quand on l'eut mis en terre, voilà que son
petit bras ressortit et se dressa en l'air...
Lulu, arrête...

Non, toi,
continue.

On eut beau le coucher et le recoucher encore,
le couvrir et le recouvrir encore de terre fraîche,
cela n'y changea rien. Et le petit bras ressortait
toujours.

Coin Coin♪

Oui, bon, je te fais
des chatouilles

Hi! Hi!

Moi aussi!

Hi! Hi!

Hu! Hu!

Voulez-vous vous coucher tout de suite!!!!

Hitler veut danser

il dit des ordres au pianiste.

la femme s'ennuie avec Hitler.

D'un regard, elle sait qu'elle aime le Professeur Flipus.

Et maman ? Hin! Hin!

Maman, elle sait pas que c'est le Professeur Flipus. Elle croit que c'est vraiment papa alors elle lui dit: "Joseph, qu'est-ce que tu fais avec cette allemande de ?"

Hitler, il est bien d'accord. il dit "Rebrenez fotre mari, chère madameu, et Rendez-moi ma Eva Braun.

Maman tire d'un côté, Hitler de l'autre, et le déguisement se déchire

Attendez

Vous me savez pas qui je suis.

Lucien

Peignoir chinois

modèle

Scène 12

Blouse de peintre pour le professeur

L'Académie de dessin de Montmartre

"il faut être à genoux devant son modèle," disait INGRES.
Même si c'est une fleur?

Derrière moi pose une jeune femme dénudée et on me condamne
au supplice de la fleur. On m'interdit Botticelli parce que je suis enfant.

De voir ces mus il y avait quelque chose d'instinctuel qui me disait "il doit se passer quelque chose"!

j'ai été initié plus tard
par une prostituée de Barbès-Rochechouart
et par émotion j'ai choisi la plus toc.

je feins de m'absorber dans l'art floral...

... je guette le par lent du professeur --

je tente un coup d'oeil. Ses lèvres et les joues et les michons

merde!

on me remet à ma place

Le grand nazi est autorisé. Est-ce qu'il la baise?

(Portraits d'Ophélia Kolb par Edmond Baudoin, Mathieu Sapin et Olivier Tallec. En page suivante
(deux fusains par Christophe Blain. il y avait aussi un dessin d'Emmanuel Guibert mais il s'est égaré...

La leçon est finie...

... moi je reste.

... je dessine ...

... je découvre les choses ...

... je la dessine ...

... elle ne me voit pas ...

je ne vais plus pouvoir
venir ici et je voulois emporter
un dessin de vous avec moi.
et pendant ces leçons
on ne m'autorise pas à vous
dessiner tranquillement

je sais qu'il y a beaucoup
de modèles mais moi j'attends
toujours les fois où ça
sera vous

Est-ce que vous voulez poser pour moi? un jour je serai
peut-être un grand peintre.

Et vous m'autorisez à me rhabiller
pendant votre travail monsieur
le grand peintre?

Pas trop

dis-donc

C'est le soutien-gorge, je ne sais pas le dessiner.
Peut-être on pourrait l'enlever

Ha! Ha! et pourquoi j'obéirais à ça?

Parce que vous n'imaginez pas
le courage qu'il m'a fallu pour
oser vous le demander

Parce que personne n'est aussi timide que moi et si je ne nourrissais
pas à votre endroit la plus ardente passion

Pour une fois qu'un type fait me parler il est haut comme trois pommes

(gêne de retirer le soutien-gorge)

("Le coup de fusil". Bistro à côté du Hot Club de France. ils bouffent des cerises.)
Banjo et clarinette s'accordent dans un coin

je peux pas vous dire là où je vais avec ma famille.

mais je vous écrirai des lettres d'amour

Comme ce sera loin et que vous n'aurez que mes mots vous oublierez que je ne suis qu'un enfant. je

Non. je suis timide. je les dirai par écrit.
écris maintenant
Non. quand la guerre sera finie, je reviendrai vous chercher
et je serai trop vieille.

103

Fréhel
Yolande Moreau

châle fourrures

Bourrée dès le matin
maquillage précieux misérable

Fourrure par dessus
la robe de chambre

Gigolo
(Riad Sattouf)

Pékinois

traîne par terre

ongles noirs

quand il sort, il croise dans le couloir une dizaine de familles juives venues chercher leur étoile. Le regard fixe, il arbore la sienne comme une décoration.

Dur, dur, dur, ils lui ont piqué sa place et il a dû faire deux cent bornes les pieds en sang, pour passer en zone libre. Ça, ça ne s'oublie pas. On n'avait pas d'argent. Mon père était en zone libre, il faisait du piano. Il nous envoyait de l'argent dans des lettres, comme ça, en douce.

Ma mère voulait pas nous coudre l'étoile jaune. Elle nous l'accrochait avec des épingles à nourrice et dès qu'elle pouvait, elle nous la retirait. Elle avait décidé de ne pas être obéissante

(un milicien la voit retirer son étoile pour la mettre dans son sac à main

madame, votre étoile.

le milicien: pas plus de 18 ans.

La prochaine fois qu'on vous voit sans l'étoile juive c'est l'Allemagne direct.

le gamin s'interpose entre sa mère et le milicien et regarde le milicien dans les yeux en parlant très fort)

Maman, il faut qu'on la voie bien!

Porte ton étoile fièrement

comme une sœur du ciel

mon seul regret, c'est d'avoir eu onze ans en 1940. Je ne suis pas un lâche dans ces situations. Si les nazis devaient revenir au pouvoir, je les préviens que j'étais tireur d'élite à la mitrailleuse légère en 1948. Il me reste les bases.

J'ai une fixation sur la Milice Française. Hitler disait "il faut faire ça et ça" et la Milice le faisait. Un jour ils viennent chez ma maman et il y avait des fausses cartes d'identité sous le fauteuil. Ma mère dit aux miliciens : "Vous voulez fouiller? fouillez!" Et elle s'est assise sur les cartes d'identité. Elle avait des couilles.

En 42, j'ai failli crever de la tuberculose. On m'a envoyé à la campagne, dans la Sarthe. J'étais tellement malade j'avais l'air d'une momie. Avec des sabots. Parce que ma mère s'était dit qu'en sabots, je me fondrais mieux dans le décor bucolique.

une fille de la campagne. Elle a le même âge que lui.

À qui tu parles ?

À ma gueule

Elle me suit partout.

Si tu la regardes tu pars en courant.

je la vois pas.

Et là, tu la vois toujours pas

Non

C'est parce que je l'ai dessinée.

quand je la dessine elle disparait un peu

c'est joli.

T'aimes bien ma gueule?

oui

c'est bien dessiné.

(Les gamins planent dans le ciel ensoleillé, accrochés aux pseudopodes de l'horrible faciès)

(Tous trois rigolent)

(ils s'approchent dangereusement d'un cerisier)

(la grosse tête explose comme un ballon au contact des branches du verger

CLAC !

(Des lambeaux de gueule pendouillent aux rameaux de l'arbre et continuent de sourire.

Ça va ?

Ouais !

(l'œil bouge)

(Les enfants s'empiffrent, leurs petites mains et leurs bouilles réjouies toutes sanguinolentes) du jus des cerises.

Après, ça a été duraille. On a échappé par miracle à tellement de rafles que toute la famille s'est sauvée en zone libre. On a rejoint mon père à Limoges. Même là-bas c'était dangereux. On avait des faux noms : mon père, c'était "Jo l'Onde". On était la famille Gaimbart.

Les parents ont fini par mettre mes sœurs à l'abri chez des religieuses. Moi je me suis retrouvé dans un internat en pleine cambrousse, au Grand Véfour. Dans les lettres aux parents, on devait se parler par codes : Pour "Juif", on disait "Faible". Pour "Le fait que je sois juif" ça donnait "Ma Santé".

Le directeur était un type bien. Il m'a initié aux poésies de Catulle.

"Le directeur n'admet pas que l'on se moque des faibles"

(Pendant qu'on entend le récitatif, on voit Lucien escorté par le directeur qui traverse les longs couloirs des pensionnat)

Messieurs, voilà Lucien. Lucien vient à la campagne se refaire une santé.

Les yeux braqués sur nous acquièrent une certaine puissance quand ils sont en nombre

(La première nuit, il pleure en silence et ne ferme pas l'œil)

Afin d'attirer la sympathie de mes nouveaux camarades, je me mis à leur dessiner des silhouettes féminines

(Changement radical d'ambiance. Dans le même décor, en plein jour, les gamins l'entourent et font la queue pour avoir leur dessin de cul)

Hé, Lucien, tu peux me rajouter des poils, sur la mienne ?

J'en ai déjà mis plein.

Non. Pas sur la chatte. Sous les bras. Moi j'aime les poils sous les bras.

Vous êtes vraiment des péquenots !

HU! HU! HU!
HU!

Dictée

Mots contenant le groupe "pp"

Appeler - apprenti - apprivoiser -
apparaître - approcher - opposition -
opprimer - supporter - supplier -
supplément - suppression - nappe -
enveloppe - happer - hippopotame

Bien

Calcul

Pour se rendre à l'école un enfant
parcourt 4 rues qui on : la 1re
5 km, 7 m ; la 2ère 4 km, la 3ère
75 dam, et la 4ère 88 m de longueur.
Combien de mètres parcourt-il
pour aller à l'école ?

507 m
400 m
88 m
1745 m

Pour trouver la distance
parcourue par l'enfant
j'additionne la longueur
des 4 rues

1re rue : 5 km 7 m = 507 m
2e rue : 4 km = 400 m
3e rue : 75 dam = 750 m
4e rue : 88 m

Soit : 507 m + 400 m + 750 m + 88 m = 1745 m

Bon

"Moi j'aime casser des plumes et faire des pâtés. C'est l'aggressivité mon moteur." S.G.

Calcul

Une corde mesure 106 m, une autre 79 m.
Trouver leur différence de longueur ?

106 m
79 m
627 m

Pour trouver une différence
il faut faire une soustraction
Différence de longueur des
2 cordes
106 m - 79 m = 27 m

Écriture

Copier les mots de la lecture contenant
le groupe "ss"

adossé - grossir - classe - basse - baisser
associer - hausser - ressembler - baisser
assez - poisson - vermisseau - essayer
caisse

Vocabulaire :
le chauffage

I - Des combustibles : le bois, la houille, le
coke, le gaz, le pétrole, l'alcool, le
charbon de bois,

II - Appareils de chauffage : la cheminée,
le poêle, le calorifère, ses radiateurs,
le fourneau, le four, la cuisinière, la
chaude chaufferette

III - Observation : le feu couve, s'graise,
pétille, éclate, rougeoie, s'allume,
éteint, étincelle, puis s'éteint.

Calcul

En 1 jour, un ouvrier gagne 34 f
Combien gagne-t-il :
1° Par semaine ?
2° En 6 semaines ?

$$34 \times 6 = 204\ f \qquad 204 \times 6 = 1.224\ f$$

En une semaine (6 jours de travail) l'ouvrier gagne 6 fois 34 f (multiplication) soit : 6 fois
34 f × 6 = 204 f
En 6 semaines, il gagnera 6 fois 204 f (multiplication) soit :
204 f × 6 = 1.224 f

Dictée

Mots contenant une consonne doublée

veille - anniversaire - famille - succulent
allumer - oreille - flamme - abattre
entasser - sommet - commencer - puissant
violemment - tourbillonner - applaudisse-
-ment.

tourbillonner - tourbillonner - tourbillonner

Calcul

1 Un couteau vaut 14 f
Une demi douzaine de ces couteaux vaudra
14 f 6 fois 14 f (multiplication) soit :
14 f × 6 = 84 f
Deux douzaines de ces couteaux vaudront
4 fois 84 f (multiplication) 84 f × 4 = 336 f

Français

Verbes exprimant l'entendre
(phrases à compléter)
J'entend du bruit dans la classe
voisine. Nous devons écouter attentivement
les paroles du maître. Parfois, pendant
la nuit, on perçoit les craquements dans
les meubles. Prêtez l'oreille, vous enten-
-drez, au loin le bruit du canon. Le
juge ouït les témoins d'un crime. Le
médecin ausculte le cœur du malade.

Dictée

Mots contenant le groupe "rr"
nourrir - pourrir - arriver - torrent
horrible - serrer - parrain - carrière
charrue - marron - ... - erreur -
carrosse - beurre - oreille - fourrure -
terrasse - carrelage
nourrir - nourris - nourrir - nourrir
pourrir - pourrir - pourrir - pourrir

Calcul

$$62530\ f - 274\ f = 62256\ f \qquad 6238\ m \times 9 = 56142\ m$$

$$91227 : 9 = 10203\ f$$

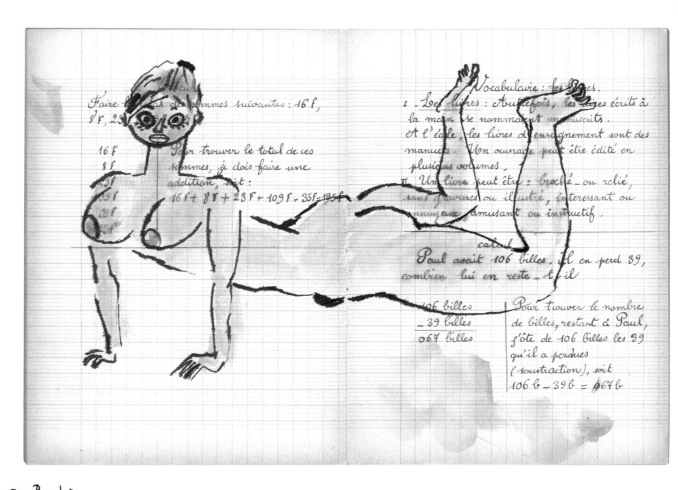

Faire le total des sommes suivantes : 16 f,
8 f, 23...

16 f   Pour trouver le total de ces
8 f   sommes, je dois faire une
23 f   addition, soit :
109 f   16 f + 8 f + 23 f + 109 f + 35 f = 195 f
35 f

Vocabulaire : les livres.

1 - Les livres : Autrefois, les livres écrits à
la main se nommaient manuscrits.
À l'école, les livres d'enseignement sont des
manuels. Un ouvrage peut être édité en
plusieurs volumes.
II - Un livre peut être : broché - ou relié,
sans gravures ou illustré, intéressant ou
ennuyeux, amusant ou instructif.

Calcul

Paul avait 106 billes, il en perd 39,
combien lui en reste - t - il

106 billes   Pour trouver le nombre
- 39 billes   de billes, restant à Paul,
067 billes   j'ôte de 106 billes les 39
                 qu'il a perdues
                 (soustraction), soit
                 106 b - 39 b = 067 b

Dépucelage : Barbès.

"Je tombe sur un groupe de cinq prostituées, cinq pauvres gamines, et dans mon émoi je choisis la plus nulle
mais aussi sans doute la plus gentille ... quand je suis rentré chez mes parents, j'avais l'impression que
ça se voyait. Je suis allé dans les chiottes et là je me suis branlé pour retrouver mes rêves de puceau."

Français
Foire de Saint Simon
Des chevaux parés encadrent la place
d'Armes. Ça et là, des groupes de vaches
des compagnies de porcs tout en oreilles.
La grande rue devient un fleuve de monde
qui s'écoule entre deux rangées de baraques
foraines. Quand le soir tombe, la
place de la ville fait au loin une tache
de clarté. C'est la vraie fête, là bas,
avec les chevaux de bois étincelants,
les confitures, les tirs où claquent les
carabines.

Bien
et. et. et et. et. et. et. et. et. et. et.

Calcul
Un cultivateur achète 4 chevaux
à 4.750 f l'un. Quelle dépense fait-il ?

4.750 f   Puisque le cultivateur achète
   4   4 chevaux à 4.750 f, il
19000 f   devra donner 4 fois 4.750 f
               (multiplication) soit :
               4.750 × 4 = 19000 f

Dictée
Les sons ch et gn

Chez nous le chien et le chat jouent
ensemble. Je vais chercher du charbon.
Le chasseur sachant chasser sait où se
cache le gibier.

la montagne - le peigne - un homme
digne - un oignon - le peigne de arbre -
un poignet - le cygne est tout blanc

Calcul

Pour payer un champ, une personne donne 5 billets de 100 F, puis 1275 F. Sachant qu'elle doit encore 625 F, quel est le prix du champ?

| 500 F |
| 1275 F |
| 625 F |
| 2400 F |

La personne donne d'abord 5 billets de 100 F ou 500 F, puis 1275 F et elle doit encore 625 F. Le prix du champ est donc égal au total de ces 3 sommes (addition) soit : 500 F + 1275 F + 625 F = 2400 F

Orthographe

mots de la lecture commençant par la lettre "c"

cayon - clair - cacher - cesser - caqueter colza - commencer - cerisier - cage - couleur

Dictée

Les sons "ch" et "gn"

Chez nous, le chien et le chat jouent ensemble. je vais chercher du charbon. Le chasseur sachant chasser sait où se cache le gibier.

la montagne - le peigne - un homme digne - un oignon - Je trépigne de colère - un poignard - le cygne et tout blanc

. cache . cache . cache . cache . cache . est . est . est . est . est . est . est .

Dictée

Mots contenant un "m" devant "p" ou "b" et féminin de l'adjectif

Une timbale pleine, cette jambe est plus grosse que l'autre. une tombe profonde. le tympan est une fine membrane. une personne humble. une crampe douloureuse.

. douloureuse . douloureuse . douloureuse membrane - membrane . membrane tympan - tympan . tympan .

Calcul

Le havre, qui compte 163.374 habitants, a 39.662 habitants de plus que Rouen. Dire la population de Rouen.

163.374 hab. Si Le Havre compte
-39.662 hab. 39.662 habitants de plus
123.712 hab. que Rouen, pour trouver la population de

Rouen, j'ôte 39.662 habitants de la population du Havre (soustraction) soit : 163.374 hab. 39.662 hab = 123.712 hab

Dictée

Mots contenant un "x" ou "ay"...

Noix - perdrix - excellent - extraordinaire curieux - merveilleux - index - exercice expression

Pays - balayer - employer - essuyer - appuyer - rayon - bicyclette - gymnastique nettoyer

balayer . balayer . balayer . balayer .

Calcul

4936 f	2793 f	78 f	299 8
-198 f	-1438 f		262 f
4738 f	1355 f	53	

Bien

120

Pas de feu de camp. Rien qui puisse mettre l'ennemi sur nos traces. Je connaissais bien cette forêt. C'était mon terrain de jeu.

(on voit qu'ils se les gèlent, qu'ils sont ensommeillés, perdus. c'est l'aube. il est en pyjama)

Les autres gosses aussi. Quand je les ai vus rappliquer, j'ai eu la trouille.

J'avais tort.

Lucien.

Qu'est-ce que vous foutez là ?

T'es parti sans rien à bouffer

je t'ai pris une couverture aussi

C'est bon. Vous pouvez peut-être vous casser, maintenant. Vous êtes pas juifs, que je sache !

On te tient compagnie.

Hm

Vous êtes vraiment des cons.

Ha! Ha! Ha!

quand il se retrouve seul, il dessine son modèle qui n'est pas là. Et il
lui fait la conversation. "Aujourd'hui je suis contraint de vous faire poser
en pleine nature." Elle répond. Lucien il fait froid. Lucien je t'ai beaucoup
attendu. Tu ne m'as pas beaucoup écrit.

Non, répond Lucien. Mais je vous dessine tous les jours.

- Lucien, j'ai froid. je peux me blottir près de vous ? Lucien, embrassez-moi sur la
  bouche, avec la langue.
- Bon, si vous insistez. Mais ensuite il faudra poser. je me veux pas vous payer à rien foutre.
- Lucien, est-ce que vous voulez m'épouser ?
- pas question, mon petit.
- Lucien, dites-moi des poèmes, ça me rend amoureuse.

Tes yeux où rien me se révèle, de doux mi d'amer
Sont deux bijoux froids où se mêle, l'or avec le fer
à te voir marcher en cadence, belle d'abandon
on dirait un serpent qui danse au bout d'un bâton

Après guerre on a retrouvé notre appartement de Paris. J'ai laissé tomber l'école et mon père m'a fichu aux Beaux-Arts. Il voulait que je fasse architecte mais tout ce qui m'intéressait c'était la peinture.

Ecole Nationale Supérieure des Beaux-Arts

Amphithéâtre de Morphologie.

Elisabeth Levitsky. Sophistiquée. Drôle. Plantureuse. Du caractère.

Vous jouez quoi ?

Bach.

Ah oui, non, moi, c'est des bêtises.

Moi, je fais dans le piano-bar

Vêtue comme Ava Gardner, Gaulée comme un Maillol.

Mais je n'ai aucune ambition dans ce domaine. C'est pour payer mes toiles.

Dans quel établissement ? Je vais venir vous écouter.

Il n'en est pas question ma petite.

Vous ne pouvez pas m'interdire l'entrée.

Et si je ne vous dis pas où ça se trouve ?

Dans ce cas, c'est encore plus amusant, je vous suivrai.

Et si je ne le permets pas ?

Alors c'est encore mieux, je vous suivrai en cachette.

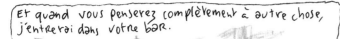

Et quand vous penserez complètement à autre chose, j'entrerai dans votre bar.

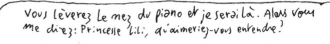

Vous lèverez le nez du piano et je serai là. Alors vous me direz : Princesse Lili, m'aimeriez-vous entendre ?

- Parce que je suis une princesse, je ne m'avais pas encore précisé ce détail. Une princesse russe, et vous ?
- Je m'appelle Lucien.

CLING !

Vous foutez de ma gueule ? Je ne suis pas un juke box !

Lucien ! il est à croquer quand il s'énerve

Elle vient d'une famille russe, noble et antijuive. S'envoyer Lucien constitue pour elle un crime délectable. C'est une charte bien charpentée qui craque pour un souriceau fébrile.

Jouez quelque chose pour moi, Lucien.

Parce que ♫♪

Parce que t'as les yeux bleus
que tes cheveux s'amusent à défier le soleil
par leur éclat de feu

Parce que tu as vingt ans ♫♪
que tu croques la vie comme en un fruit vermeil
♫ que l'on cueille en riant. ♫

C'est joli... C'est de vous?

Azmavour.

Tu te crois tout permis et n'en fais qu'à ta tête ♫♪
désolée un instant prête à recommencer
tu joues avec mon cœur comme un enfant gâté
qui réclame un joujou pour le réduire en miettes. ♫

Parce que j'ai trop d'amour ♫♪
Tu viens voler mes nuits du fond de mon sommeil
Et fais pleurer mes jours. ♫♪

129

" Appartement de Dali. Elle a les clés. Lit carré de trois mètres sur trois couvert de fourrures.
Salon tapissé d'Astrakan. Sous nos pieds des dessins de Miro, Ernst, Picasso ou Dali, toiles
non encadrées. Salle de bain de Gala : baignoire à la romaine et centaines
de flacons. Luxe effréné. 147, rue de l'Université. "

Scène 25   il entre dans l'appartement

Lucien entend un bruit de papier froissé.

CRITCH!

Elisabeth allume la lumière

vous avez vu

il a des toiles de maître et il les laisse traîner par terre.

oui

elle marche vers lui →

Mais ses propres toiles, il les met au mur. Parfois, il passe des soirées entières à éplucher les journaux pour voir si son nom est écrit dedans. Et s'il n'y a pas marqué au moins une fois Salvador Dali, il pique une de ces colères.

elle se penche tout près de son oreille.

Moi aussi je fais pareil mais mon nom n'apparaît jamais.

on tourne l'appartement de Dali dans les combles d'une abbaye.
Christian Marti a tout recouvert d'astrakan.

Sc 25 suite

C'est une tragédie

Absolument.

je n'arrive pas trop à vous deviner.

je suis facile à faire pourtant.

oui mais quand un sujet m'attire je ne parviens pas à rester concentrée sur mon travail. j'ai envie de vous embrasser.

a fermé nerveusement son carnet. marche vers lui.

comment voulez-vous que je me concentre?

(il passe devant elle sans lui jeter un regard. Elle le suit des yeux)

Comment faisait Klimt à votre avis!

" Moi je plais à certaines femmes, mais quand elles sont déjà un peu intelligentes ce qui limite le nombre... ou bien à des tarturées et cela c'est une autre paire de manches... " S. G.

" Je ne veux pas qu'on m'aime mais je veux quand même " S.G.

(voir sur l'autre carnet
pour la scène amoureuse)

Eric d'après nature. Je ne sais plus si je dessine Elmosnino ou Gainsbourg.

Nature vivante = le dos de Deborah entre deux prises.

Un christ en bois du XVIᵉ siècle trône au-dessus du lit de Dali. Canapé en velours.
il a une forme buccale. Projecteur derrière des cristaux donne au tableau des lueurs aquatiques.
Elle joue des talons. il s'accroche au crayon. Le parquet fait trop de bruit. Un ours blanc.

une sexualité de jeune homme · pièce bourrée d'objets grossièrement transitionnels. Fourrures, fourreau. Crânes. œuvres figuratives. Papiers épars comme éjaculés sur le bois. Crâne éclairé de l'intérieur. instruments à vent dans la bande-son et sur l'image. Voilettes. les lèvres d'Élisabeth et des souliers beaucoup trop hauts. john willie. Elle ne doit pas pouvoir marcher sans trébucher. Ongles soignés.

il pense à une phrase de Baudelaire :

"Laissez au collégien ivre de sa première pipe le goût des femmes grasses !"

jeudi 12 Février 2009. Ce soir je dîne dans les salons privés de l'Hôtel La Pérouse en compagnie d'une princesse russe. Elle se prénomme Elisabeth Levitsky et c'est la Première femme de Serge Gainsbourg. Elle a 86 ans.

" Se branler devant les Paris-Hollywood en sépia
avec les poils recouverts à la retouche. " S. G.

j'ai ce luxe. faire poser Deborah pour remplir l'atelier de Gainsbourg avec
des portraits imaginaires d'Elisabeth levitsky.

Elle avait beaucoup de talent dans certaines disciplines mais elle était aussi fauchée que moi. Le piano ne payait même pas mes toiles. On acceptait des boulots à la con.

je coloriais les photos promotionnelles des cinémas populaires. Pas fait long feu. Divergences artistiques. Le directeur voulait des lèvres magenta, j'exigeais du carmin. Même sur les détails mineurs, je ne transige pas.

(il est à l'entrée d'un cinéma et essaie de montrer à Elisabeth les photos qu'il a coloriées lui-même)

Elle voulait surtout que je ramène un peu plus de blé. Alors je cherchais tous les endroits où je pouvais me rendre utile. C'est comme ça que je me suis retrouvé à la Maison pour Orphelins Israélites de Champfleur.

(quand Gainsbourg entre dans cet établissement, comme professeur, il s'appelle "Lucien". À la sortie, il décide de signer "serge". Ça n'a peut-être rien à voir mais le directeur de l'établissement s'appelle Serge)

Parfois, ils sont comme pétrifiés.

Cette école est une émanation du BUND. Mouvement de résistance juif russe et laïc. C'est là qu'on a expérimenté des méthodes d'enseignement d'avant-garde dont les écoles Montessori d'aujourd'hui gardent des traces. Ils parvenaient par le dessin et la musique et la joie à ramener des enfants à la vie. Gainsbourg y a passé deux ans.

(je vois que cet établissement a permis à Gainsbourg d'éclore. C'est la première fois qu'il a été aussi généreux. je vois qu'il a tant reçu avant qu'il donne)

La Gueule, sort est par le mal. C'est cette voix qui réduit à néant les inhibitions. Tandis que je regardais les gamins par la porte entrouverte je sentis contre mes omoplates ses grandes mains glacées. je ne comprenais pas encore son langage confus. à peine entendis-je des exhortations dans un souffle imitant "Allez. Allez. Allez." Puis, elle m'a poussé-

j'apparais en vibrant au milieu des enfants, ils ont des mandolines, quelques violons, deux mandoloncelles.

j'entame en arpèges une comptine entêtante "file l'aiguille" De ces chansons qui disent aux jeunes filles qu'il faudra coudre et travailler, mener une vie simple et sans excès. Mais la mélodie affirme l'inverse.

Bonjour, je suis Lucien

Sortez vos instruments

Pour toujours cette Juive la maison de la culture Yiddish de Paris nous a prêté les voies gouailleuses et les vrais Poèmes brailler par les enfants. J'étais pas pour rien... enfants de Champfleury. Merci pour leur confiance. Toute l'équipe avait les larmes aux yeux en pouvant cette scène. La poésie des demain

Après trois notes une grande fille aux cheveux tressés me répond. Je joue trois notes supplémentaires. C'est maintenant un petit garçon qui me rejoint au violon. Leurs regards sur moi: j'évite. Je regarde ma guitare. Bientôt tous les enfants jouent la chanson juive.

Comme je tremble d'émotion et de timidité je danse pour changer d'humeur et pour les faire rire. Je fais l'imbécile comme quand j'étais enfant moi-même et je lance partout bras et jambes

et ils ne voient pas du tout que je pleure parce qu'ils éclatent tous de rire mais ils ne se moquent pas de moi ils sont joyeux. Je fais le clown et ils ne lâchent pas leurs instruments.

la musique devient folle. comme la Roumanie, la Turquie, l'Espagne et la Russie de made où nos ancêtres ont trouvé les galocher.

oh. ils applaudissent.

c'est la première fois qu'on m'applaudit.

J'y suis resté deux ans, à faire la musique, la chorale, la piscine, les danses autour du feu.
C'est pour cette chorale que j'ai écrit et composé mes premières chansons. Au moment des répétitions,
les mômes me faisaient craquer, c'était superbe. Je me déguisais aussi en fakir pour leur faire
des tours de magie. Je faisais disparaître des cartes, léviter des bourgeois...

un jour, une petite fille s'approche et lève les yeux sur moi.

" monsieur, puisque vous êtes magicien, est-ce que vous pourriez me transformer en princesse?

Oh oui. oui, ça, c'est facile

Son regard était d'une pureté, d'une crédulité superbes. Je lui ai passé la main dans les cheveux et je lui ai dit : " Voilà, tu es une petite princesse."

(il fait des tours de cartes)

(il fait léviter un chandelier)

C'est le joueur de flûte d'Hamelin. les enfants le suivent joie et danse

L'atelier/mansarde de Lucien. La caméra, très voyeuse, surplombe les dormeurs.
On se fraie un chemin parmi les chevalets comme dans un vivarium tropical.

"Ça fait trente ans que je prends des barbituriques pour dormir. Sans ça, je rêve,
je gamberge, je me raconte des histoires.
— Qui deviennent des films? des chansons?
— Pas du tout. C'est l'évasion, la fantaisie, l'imaginaire pur. Les chansons, je n'y pense jamais,
sauf 15 jours avant l'échéance." S.G.

Allongée. De profil. Elizabeth est une sculpture de Henry Moore. Miroir. Pénombre. Réflexion.

La créature jaillit d'un océan de cheveux. Sa main d'araignée sur le cul d'Elisabeth. La voix de l'épouse se transforme. C'est la gueule de Lucien qui a grandi :

Mais pour que ça me laisse dormir, je fais quoi ?

Comme le docteur Faust, tu pactises. Tu signes un contrat avec la voix. Tu lui dis l'espace qui lui appartient.

L'idéal, ça serait que tu arrêtes la peinture et toutes tes conneries. Je vais te faire gagner une fortune mon p'tit gars

Mais j'adore la peinture, qu'est-ce que tu racontes... Lili ?...

Te fatigue pas. Elle dort mais depuis le début

A A A A A A A A A A A A A

La bestiole étrangle, effraie, prend toute la place puis disparaît.

159

Les tableaux de Lucien. Ce sont des gouaches et des aquarelles. La plupart ne font pas plus de trente centimètres. Nous les avons agrandis et maroufflés sur toiles. Puis on a tout recouvert d'enduit transparent mais qui donne le volume d'une peinture à l'huile. Puis on y a fichu le feu. Puis on a recommencé. Gainsbourg était pyromane. Il avait raison.

"Tous mes tableaux ressemblaient à Jane. Je l'ai peinte avant de la connaître" S.G.

J'imagine les peintures de ce jeune homme romantique.

il aurait détruit plus de quatre cents toiles. J'adore cette idée.

quand j'étudiais la peinture
aux Beaux-Arts de Paris j'avais
fait l'acquisition du
"traité du paysage et de la figure"
par André Lhote. Je l'avais lu
religieusement parce que Lhote
fut le directeur d'atelier de
Lucien Ginsburg. Je voulais tout
faire comme Gainsbourg. J'allais
à l'atelier du petit matin
parce que Gainsbourg faisait ça.
Je peignais sans doute aussi mal
que lui mais avec quel sérieux!
Petit à petit, je mélangeais
Pascin et Gainsbourg. Grâce à
Abel Rambert je les confondais
de plus en plus. J'aimais la
mort et m'étais, comme Soutine,
fait livrer une bête d'équarrissage,
un mouton je crois. J'ai eu
la grippe, le mouton a pourri
et on m'a fichu dehors de chez
monsieur Caron. J'ai trouvé
refuge au Département de
Morphologie, chez Debard,
Comar et Fontaine. Je n'en
suis jamais reparti. Je veux
dire que vingt ans plus
tard j'ai toujours les mêmes
questions la même hygiène et
une attitude semblable.
Amour du dessin qu'on laisse
"mourir sur le sol de l'atelier".
Crainte d'homme des cavernes
pour la peinture. Refuge dans
ce trou de souris qu'est l'industrie
du divertissement. Devenir chanteur.
inféoder le dessin à une histoire. Deux
façons de tourner le dos à la peinture,
ses dangers, sa majuscule et le ridicule
qui souvent l'accompagne.

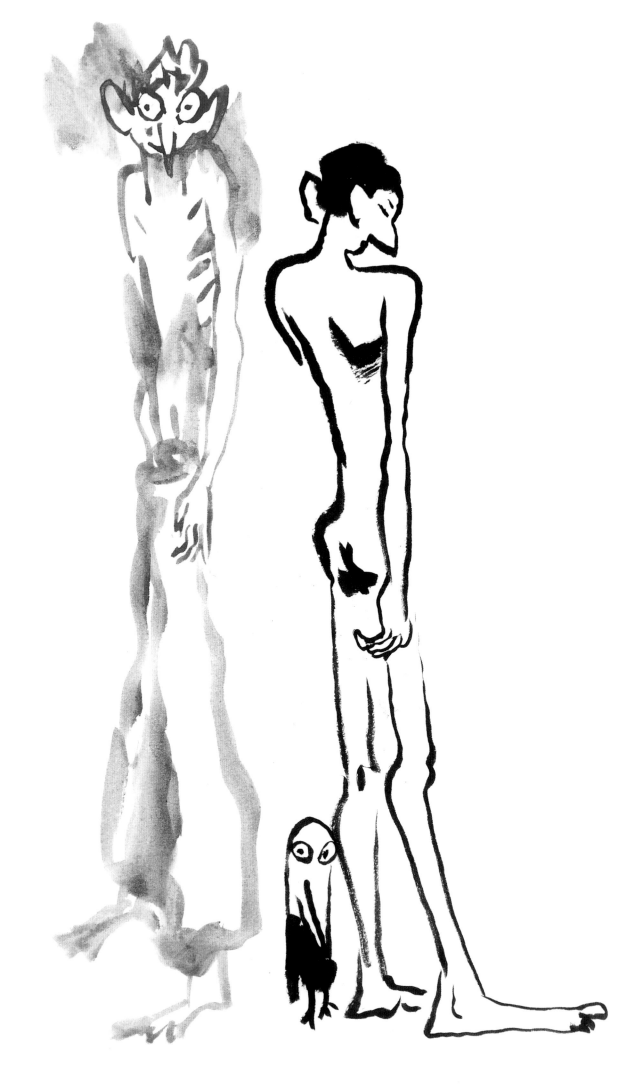

— Non. Dès qu'il faut improviser, je n'y arrive plus. Pourtant, j'ai révisé, tu sais.
   Tous les accords de Django que tu m'as appris je les connais.
— Django il sait pas les noms des accords, ni les noms des notes, mais il regarde sa guitare.

— Ah, tu crois que c'est ça qui arrange?

— Allez, tu prends ta guitare et tu te racontes une histoire

— heu… en mineur?

— Avec des notes.

SC 32

Angelo Debarre

il s'entiche d'un gitan qui lui donne des leçons de swing.
Tous les deux feront très brièvement la tournée des tenanciers de cafés.
Dans les orchestres où il se présente, Lucien n'est jamais pris comme guitariste.

sc 32

— on se voit toujours la semaine prochaine?

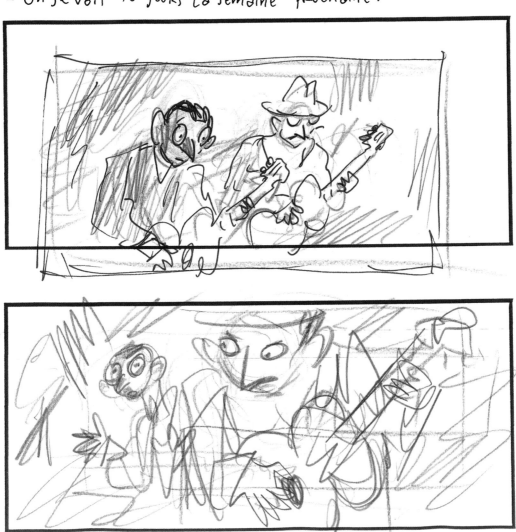

— Peut-être c'est mieux si tu retournes faire du piano chez ton père.

Sonate

il se retrouve seul entre sa guitare
et ses tableaux.

il éventre une toile à coup de talon.

Gainsbourg reste interdit puis se lève puis s'appréte à peindre. il finit par se
saisir d'un tableau et le démolit contre une chaise. rage. il crève la toile
à coups de talon. on découvre la Gueule, qui fumait derrière un chevalet

Hmm... au sujet
de la guivre...

Vas-y!

Tu travailles nuit et jour et dans
une semaine, tu lui montres

Tu es prêt à donner quoi POUR
jouer comme Django Reinhardt?

Django, il joue avec deux doigts,

le reste, il en a pas besoin

CRIIITCHI

le reste, il peut le SACRIFIER
HA! HA!

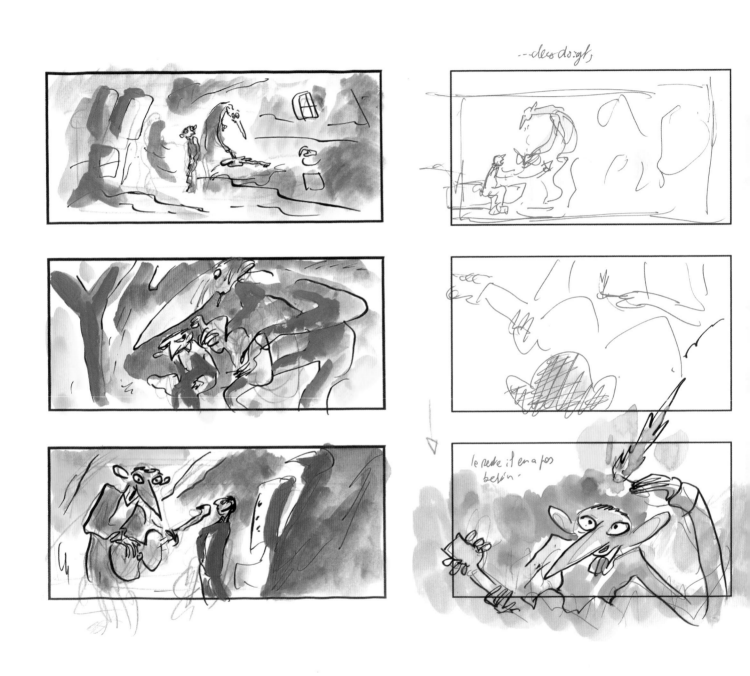

« Moi je veux bien me couper une oreille comme Van Gogh

pour la peinture, mais pas pour la chanson. " S.G.

" il paraît que réussir c'est réaliser ses rêves de jeunesse.
Alors là, je n'ai certainement pas réussi,
puisque je rêvais de devenir peintre et j'ai lâché la peinture. "
S. G.

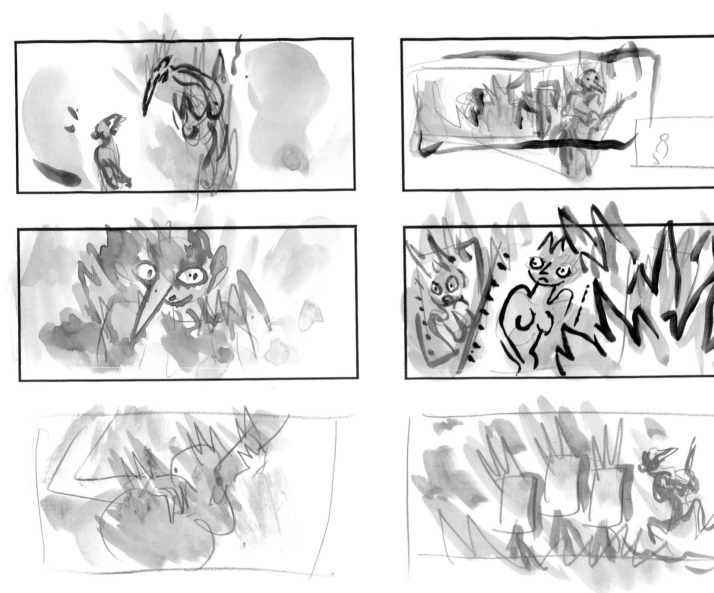

« c'est un Rubens, c'est une hippopodame »

(Bien que la scène soit très triste, la chanson "L'Hippopodame" sera chantée joyeusement)

♪ C'est un Rubens, c'est une Hippopodame
Avec un D comme dans Marshmallow ♪

♪ Et si j'en pince pour c't'Hippopodame
C'est qu'avec elle j'ai des prix de gros ♪

♪ Ah quel suspense sur mon Hippopodame
Avec un D comme dans vas-y-mollo ♪

♪ Les Ressorts grincent sous l'hippopodame
Mais au d'ssus j'me sens bien dans sa peau ♪

♪ C'est pas une mince affaire c't'hippopodame
Avec un D comme dans Gigolo ♪

Lorsqu'elle me coince, mon hippopodame
Entre ses deux groseilles à maquereau.

186

Mon petit Julien, si vous voulez écrire des paroles, pensez un peu au client. S'il sort de chez nous avec des envies de suicide, on sert à quoi?

Laisse tomber c'est un cœur de pierre.

Non, il a raison, j'ai autre chose

Quoi?

De la merde.

Antoine le casseur c'est lui que j'ai dans mon cœur ♪

C'est pour lui que j'fais l'tapin qu'j'vends mon valseur et l'toutim ♫

Et si lui c'est un chaud lapin on peut dire que moi je suis une chaude lapine ♫

Les caves que j'éponge, ça m'laisse froid du vrai y a qu'Antoine qu'y a droit mon sentiment est si profond qu'y a qu'lui seul qu'a pu arriver au fond.

Clap!

Clap!

Clap!

Clap!

Bravo mon p'tit gars, c'est la gloire.

Tu parles, j'vais m'remettre à la peinture vite fait oui!

Arrête tes conneries

187

"Pour me pas crever de trac, je demande que le projo soit le plus éblouissant possible, pour me pas voir la tête des gens dans la salle. Il y en a, ils ont de ces gueules." S.G.

Et à présent, mesdames et messieurs, Serge Gainsbourg

ZKLON

R'garde la scène, merde !

Pour voir vos gueules, j'vois pas l'intérêt.

CLAP! CLAP!

Le type qui applaudit au fond, c'est Boris Vian, chante !

!

"C'est un métier extrêmement cruel parce qu'il faut livrer son âme.
Les faux-culs ne tiennent pas la route ... et la sincérité coûte très cher." S.G.

il était une fois une jambe de bois
qui cherchait un amateur
Elle se dit "Ma foi si personne ne veut de moi
j'me fous une balle en plein cœur "
Mais voilà qu'soudain Elle entend au loin
Une sonnerie de clairon
Elle se dit "Parfait c'est le moment ou jamais
d'me trouver une situation "
Arrivée sur l'champ d'bataille
   au plus fort de la mitraille
Elle croise un boulet d'canon
qui sifflait à pleins poumons

Elle lui dit : "Mon pote Ta p'tite gueule me botte
Toi qui vas tuer les cosaques
Sois donc un amour fais pour moi un p'tit détour
avant d'partir à l'attaque
Mais voilà le hic j'aime pas les moujiks
Et si tu veux m'arranger
Tourne plutôt casaque passe du côté des cosaques
Vise-moi c't'officier français
Si tu lui fauches une guibole Tu peux me croire sur parole
Qu'si la gangrène s'y met pas
je serai sa jambe de bois"

"C'est bien délicat c'que tu m'demandes là"
Répondit l'boulet d'canon
"t'as une tête de bois c'est pour ça qu'tu comprends pas
que c'est d'la haute trahison
Mais va te frappe pas n'fais pas cette gueule-là,
Allons n'aie plus d'amertume
Que ne f'rait-on pas pour une jolie jambe de bois
J'vais lui voler dans les plumes "
Et le voilà qui s'élance Mais pour comble de malchance
L'officier qui vient d'le voir
se baisse et l'prend en pleine poire

"Espèce de crétin ça c'est pas malin" s'écria la jambe de bois
"Maint'nant qu'il est mort il n'a plus besoin d'support
J'ai eu tort d'compter sur toi "
"Tu m'prends pour un con" dit l'boulet d'canon
"Mais moi j'vais bien t'posséder"
La colère le saoule et le v'là qui perd la boule
Il s'en va tout dégoiser
Ils passèrent en cour martiale Et pour sauver la morale
La petite fut condamnée à avoir l'boulet au pied

190

SC 34, tous les travelos
et serge ont des
Loups.

Voir Affiche de
Madame Arthur.
La faire apparaître dans le
décor.

madame Arthur

Lucky Sarcell ressemble
au Gainsbourg de LOVE on the beat

Philippe Duquenne

L'enseigne de Madame Arthur, version 1960... puis 1967.

Affiche madame ARThur.

Décorations pour le cabaret de Madame Arthur. Tout ça sera collé

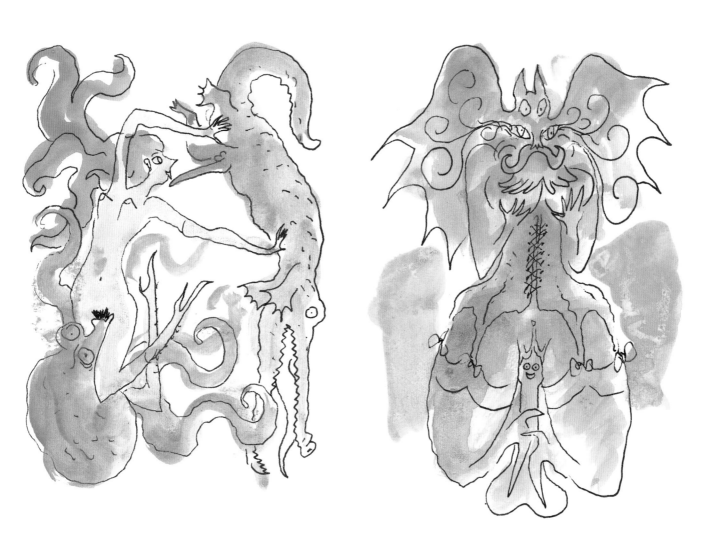

sur des miroirs, des paravents. il y aura des roses noires.

BoRis Vian:
Philippe Katerine?
Albert Dupontel?

"Je trouve Boris Vian illisible, Sagan également, parce que je m'attache au style. De même
que je ne suis pas ému par les peintres d'après DADA. Finalement, j'ai une vie assez
dissolue et je lis peu. Je lis le journal de Baudelaire. Ses poèmes, je les connais par coeur.
Une maîtresse en mérite une autre." S. G.

Vendredi 12 Decembre. Gonzales joue le poinsonneur du Lilas.

une autre version de la même scène. "Antoine le Casseur", déposée au nom de Julien Gris je crois, est une des premières chansons de Serge Gainsbourg. Elle ne fut jamais enregistrée et sa renommée n'alla pas plus loin que celle de Lucky Sarcell.

Philippe Duquenne est donc le premier à enregistrer cette chanson !

"il fallait me pousser pour que j'entre en scène." S.G.

Descendent un escalier de Montmartre. Putes. Légionnaires.

Vian, salaud !

Oui, c'est moi.

O.A.S

Ça, c'est grâce au "Déserteur" ! Les militaires m'adorent.

Vous avez bien de la chance.

Vous savez, je chante juste comme ça. Moi, c'est la peinture.

Pareil ! Moi, c'est les livres.

Vous me trouvez pas que je manque deeec...

de quoi ?

Les Nus les plus osés de Paris

De présence sur scène ?...

Oui. On sent que ça vous fait chier.

Vous devez danser très mal

Je ne danse jamais moi non plus.

Mais vous me détestez pas assez le public

Oh, si, quand même.

Mettons que vous les haïssez mais vous ne pouvez pas vous empêcher de vouloir leur plaire.

Oh non. Je ne veux pas qu'on m'aime.

Vraiment ?

Juste un tout petit peu

Alors il faut changer ça.

Je tâcherai.

duo Vian/Gainsbourg. Vian chante "Je bois". Gainsbourg fredonne "intoxicated man". Les deux chansons se répondent. Quand Gainsbourg chante, Vian l'accompagne au cornet. Lorsque Vian prend la parole, Gainsbourg pianote. La nuit passe pendant qu'ils jouent. Les Frères Jacques, aussi ivres que les deux désespérés, ronflent en rythme. Le jour se lève à la fin de la chanson et Vian s'en va, laissant Serge Gainsbourg avec les Frères Jacques, qui se réveillent. Ils ont encore sur le dos les costumes de scène de la veille.

Chez Boris Vian. Cité Véron. Vue sur le Moulin Rouge.

Eh toi
Dis-moi quelque chose
Tu es là
Comme un marbre rose
Aussi glacé que le plastron
d'mon smoking
Aussi pâle que le plafond
du Living-
Room

Je bois
dès que j'ai des Loisirs
Pour être saoûl, pour ne plus voir ma gueule

Je bois   sans y prendre plaisir
Pour pas me dire qu'il faudrait en finir

L'amour
ne m'dit plus grand chose
toujours
Ces éléphants roses
Ces araignées sur le plastron
d'mon smoking
Ces chauve-souris au plafond
du Living-
Room.

203

Rayon de Soleil sur les dormeurs.

(Les Frères Jacques, mal réveillés, mal rasés, raides comme la justice et imperturbables, forment une machine à café humaine)

Rz ZZ

le premier verse le café bouillant dans le melon du deuxième. qui vide son chapeau dans l'oreille droite du troisième. Le liquide fumant ressort par l'oreille gauche et corle dans la bouche ouverte du quatrième qui s'en gargarise avant de le cracher dans la tasse du pianiste endormi

GARGEUL

PEUTOVILLE!

CAFÉ!

Café!

Monsieur prendra des tartines?

Quelle heure est-il?

Nous sommes toujours à l'heure monsieur!

Petit déjeuner complet pour le pianiste

C'est incroyable

Simple affaire d'entraînement

Nous pratiquons le cabaret athlétique!

Nous sommes des sportifs complets! qui mettons nos biceps au service de la chanson!

Je suis fauché.

Ça ne fait rien.

Chantez-nous donc quelque chose

Bon, mais vite.

J'suis l'poinçonneur des lilas
Le gars qu'on croise et qu'on n'regarde pas
Y'a pas d'soleil sous la terre
Drôle de croisière
Pour tuer l'ennui j'ai dans ma veste
Les extraits du Readers Digest

Et dans c'bouquin y'a écrit
que des gars s'la coulent douce à Miami
Pendant c'temps que je fais l'zouave
Au fond d'la cave
Paraît qu'y a pas d'sot métier
Moi j'fais des trous dans des billets

Hé, c'est pas mal ...

continuez...

J'fais des trous, des p'tits trous, encor des p'tits trous
Des p'tits trous, des p'tits trous, toujours des p'tits trous
Des trous d'seconde classe
Des trous d'première classe
J'fais des trous, des p'tits trous, encore des p'tits trous
Des p'tits trous, des p'tits trous, toujours des p'tits trous

Et ensuite?

Je dois partir, ma femme va crier.

Bon, foutez le camp !
Mais laissez-nous votre chanson !

Vous la prenez ?

Puisqu'on vous le dit !

" Il faut plaire aux femmes d'abord puisque c'est la femme qui applaudit et le mari qui suit." S.G.

Et à présent... ...public apathique... ...voici le premier concerto... ...gainsbourgeois

Le Poinsonneur des Lilas, écrit et composé par Serge Gainsbourg !

J'suis l'poinsonneur des Lilas
Pour invalides changer à Opéra
Je vis au cœur d'la planète
J'ai dans la tête
Un carnaval de confettis
J'en amène jusque dans mon lit
Et sous mon ciel de faïence
J'en vois briller que les correspondances
Parfois je rêve je divague
Je vois des vagues
Et dans la brume au bout du quai
J'vois un bateau qui vient m'chercher

Pour m'sortir de ce trou où je fais des trous
Des p'tits trous, des p'tits trous, toujours des p'tits trous
Mais l'bateau se taille
Et j'vois qu'je déraille
Et je reste dans mon trou à faire des p'tits trous
Des p'tits trous, des p'tits trous, toujours des p'tits trous

Des petits trous, Des petits trous
Des petits trous, des petits trous.

J'suis l'poinçonneur des Lilas
Arts et Métiers direct par Levallois
J'en ai marre j'en ai ma claque
De ce cloaque
Je voudrais jouer la fille de l'air
Laisser ma casquette au vestiaire

Un jour viendra j'en suis sûr
Où j'pourrai m'évader dans la nature
J'partirai sur la grand'route
Et coûte que coûte
Et si pour moi il n'est plus temps
Je partirai les pieds devant

J'fais des trous, des p'tits trous, encore des p'tits trous
Des p'tits trous, des p'tits trous, toujours des p'tits trous.

Y'a d'quoi d'venir dingue
De quoi prendre un flingue
S'faire un trou, un p'tit trou, un dernier p'tit trou
Un p'tit trou, un p'tit trou, un dernier p'tit trou
Et on m'mettra dans un grand trou
Où j'n'entendrai plus parler d'trou plus jamais d'trou
De petits trous de petits trous de petits trous

(La salle du Milord l'Arsouille applaudit à tout rompre. Au premier rang, Gainsbourg arbore un radieux sourire)

(Une jeune femme l'aborde. Il adorerait se bailler couvrir d'éloges...)

C'est vous l'auteur il paraît ?

Absolument

Ça tombe bien parceque je suis chanteuse

(...mais sa légitime le tient en laisse)

Serge, tu viens !

si vous voulez que je vous écrive des choses, laissez-moi un mot chez mes parents

Caroline
Tilette

"du champ' du brut des vamps des putes !!! " S.G.

"Confidentiel : c'est le dernier disque que je fais avant de m'acheter une Rolls." S.G.

Judith conduit une anglaise blanc cassé. Gants assortis.

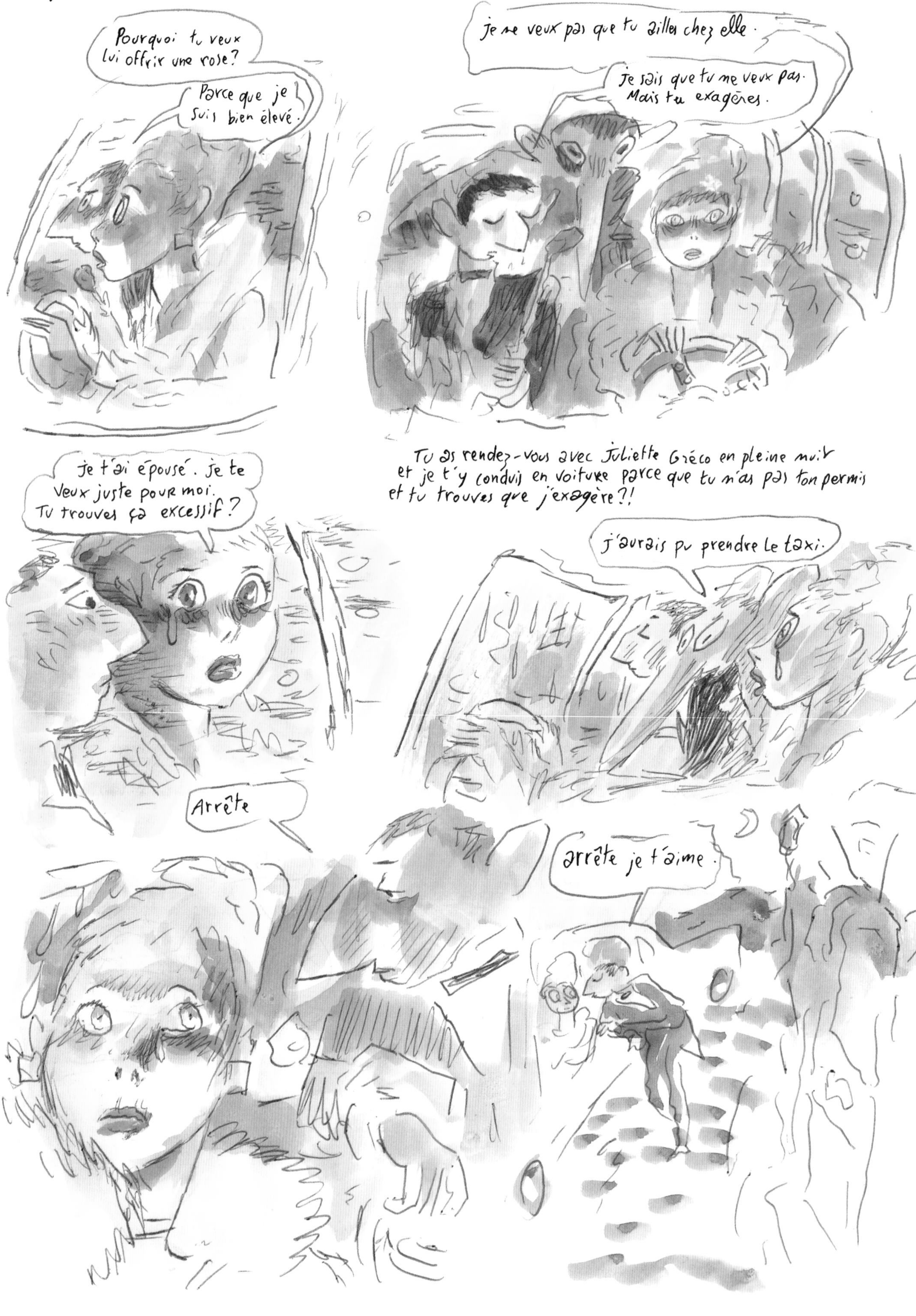

Judith a le profil des
bouchons de radiateur
de la Croisière Noire.
Elle est désespérément blanche.
La maman dans les
Aristochats.

judith

NON

OUI

Alice
Carel

OUI

OUI

OUI

OUI
au
volume

"J'aime les filles d'apparence très dure, très sophistiquée et très froide. Je sais par expérience
qu'une fille d'apparence sensuelle est toujours une mauvaise affaire". S.G.

Le palier de Gréco.

"Séries Noires et mots croisés je suis foutu. Quand je reprends une Série Noire c'est que ça me va pas. Qu'est-ce qu'on lit à 18 ans? Chester Himes, Hadley Chase, Peter Cheyney." S.G.

La chatte parle avec la voix d'Anna

Pluie sur les fenêtres. Bruit du feu dans l'âtre.

ne pas montrer de toile de Buffet pour éviter un procès.

♫ La vie ne vaut d'être vécue
   sans amour
   mais c'est vous qui l'avez voulu
mon amour ♫

· ♫ Ne vous déplaise
   En dansant la javanaise ♫

♫ Nous nous aimions ♫

♫ Le temps d'une chanson ♫

Guitare d'olivier.

Gréco. Anna·Louise·Brooks. Du pinceau noir. Peinture à l'eye-liner.

Je dessine Anna. Ça n'est pas encore Gréco. Elle porte des bottines de western. C'est un vampire décontracté.

"La chanson doit être essentiellement populaire. Il ne faut pas se donner trop de mal. Il y a une difficulté de s'exprimer, de dépeindre des sentiments naturels. Alors je m'occupe de ce qui m'intéresse : des filles très sophistiquées. J'ai placé mon univers dans une sphère de luxe et de névrose." S. G.

Ça n'est pas Serge c'est ERIC.

Elle se réfugie très souvent dans son manteau. Position d'attente.

C'est sa tente de camping. Les chauves-souris aussi.

Hugo Pratt. Milton Caniff. Brennot. Van Dongen. Charles Addams.

Gréco

Dos nu jusqu'en haut des reins.

Famille Addams
Catwoman

Mireille Darc
dans le
Grand Blond

Gréco

le loup est habillé comme Vian

Voix:
Thomas
Fersen

Scène 5

Tout seul
d'un film
de
Bogart

Serge: chemise blanche
et cravate un peu
défaite

"Snob? Ça veut dire que j'ai horreur de la vulgarité, que j'habite le XVIᵉ et que je me fais les ongles." S.G.

l'appartement où vit Serge avec Judith et ses deux enfants.

Monsieur Gainsbourg, je m'étais dit que peut-être vous pourriez me prendre.

J'ai déjà ma gueule, j'ai pas besoin d'un loup.

Vous avez tort. Pour les chansons, je peux me rendre très utile.

Ahoui ?

Faites voir de quoi vous êtes capable ?

Je vous préviens, au vu des circonstances, ça risque d'être morbide.

J'ai mon mouchoir.

(le loup joue du bout des griffes pour ne réveiller personne et chante à voix feutrée)

♪ quand mon 6·35 me fait les yeux doux
c'est un vertige
que j'ai souvent
pour en finir
pan! pan!

236

du sang jusqu'au plafond.

"Je suis souvent revenu chez mes parents, avenue Bugeaud, dans le XVIᵉ, au hasard de mes déconvenues sentimentales et autres. Mon père m'avait autorisé à installer un petit atelier dans la mansarde." S.G.

les plans ① ② et ③ sont filmés dans la même
maquette. La maquette se présente ainsi:

lune, nuages et
étoiles en volume
et venant parfois
devant les personnages

l'immeuble dont ils s'envolent

au moins 4 rangées
d'immeubles

①

il y a donc trois plans de vol
au-dessus de Paris.
Dans le premier plan on doit
construire l'immeuble d'où ils s'envolent,
plusieurs rangées de maisons et d'étoiles,
et de nuages et la lune.

②

③

Judith lui dit "Serge, tu viens"! La Gueule imite Judith et croasse "Serge, tu viens"! Serge
enjambe la fenêtre. Du jazz des klaxons et la lumière électrique. On s'envole.
C'est très joyeux puisqu'on se donne l'illusion de pouvoir se débrouiller tout seul.

"Sur le suicide: je suis sujet à des vertiges physiques. Le vertige, pour moi c'est la fascination. Je suis fasciné par la facilité de passer de l'autre côté du miroir." S.G.

presque toutes les lumières sont éteintes. Ni Gainsbourg ni la créature n'ont la force de se lever. ils balbutient.)
ialogue alcoolisé.

(ils s'endorment et font le même rêve. sur la chanson "chez les yé-yé", ils sont dans un western spaghetti. soleil de plomb. poussière.
ils sont en cow-boys de pied en cap. deux revolvers chacun. ils sortent d'un saloon en filant un coup de latte dans la porte battante.)

Dans la rue les attendent des clones pailletés de Johnny, armés de guitares électriques. Gainsbourg et sa gueule flinguent dans tous les sens, ils dézinguent pas mal de jeunes chanteurs dont les mèches platine scintillent dans le contre-jour. Mais l'ennemi est toujours plus nombreux

(Gainsbourg touché au cœur s'écroule dans le sable. sa gueule succombe peu après. les idoles yé-yé s'approchent des deux héros gisant les bottes en avant. couverts de sang.)

studio d'enregistrement

FRance GALL

15   16

(elle chante dans un studio télé)

J'ai peur et je te résiste
tu sais pourquoi :
Je sais bien ce que je risque
Seule avec toi ♪

Pourtant j'irai chez toi puisque
c'est comme ça
Rien que pour casser
tes disques tu me pourras ♪

Plus écouter les idoles
ça t'apprendra
Que moi seule je suis folle
folle de toi ♪

(elle est sur scène pour l'eurovision)

♪ Seule parfois je soupire
je me dis à quoi bon
Chanter ainsi l'amour sans raison
Sans rien connaître des garçons ♪

♪ Je suis une poupée de cire
Une poupée de son
Mon cœur est gravé dans mes chansons ♪

♪ Poupée de cire
poupée de son ♪

France Gall m'a sauvé de la misère. Autant dire qu'elle m'a sauvé la vie. Quand "Poupée de son" a remporté le prix de l'Eurovision, il m'est apparu que l'absurdité du monde me laissait quelque espoir. Avant elle j'étais un marginal.

Pourquoi pleurez-vous ?

C'est à cause de mon fiancé, monsieur.

Je viens de l'avoir au téléphone et au lieu de me féliciter il m'a dit qu'il a écouté la chanson à la télé et que je chante faux.

Mais non, vous chantez très bien.

Et d'abord, ce jeune homme, qu'est-ce qu'il y connaît, en chanson ?

C'est Claude François, monsieur.

Oh, lui, il peut parler.

C'est à cette période que les jeunes femmes ont commencé à se bousculer à ma porte. Parfois même pour que je leur écrive des chansons.

Dans cette scène, Serge Gainsbourg est nonchalamment assis dans le fauteuil-dentiste de sa chambre cité des Arts. Il manipule un petit téléviseur japonais et un poste de radio. Un pick-up également. De chaque appareil Hi-Fi sort une chanson différente. Chaque chanson est de lui. Les filles qui chantent se matérialisent : des petites femmes de dessin animé. Anna Karina chante "Sous le soleil". Petula Clark "La Gadoue". Mireille Darc "Hélicoptère". Françoise Hardy "Comment te dire adieu". À chaque fois, il tourne le bouton pour en faire apparaître une autre. On termine sur "Les petits papiers" Régine est la seule qui chante sa chanson en entier. Les filles animées ont environ trente centimètres de haut. Elles commencent à chanter qui sur la table qui sur le piano ou la moquette, mais elles finissent toutes par escalader Gainsbourg et s'asseyent sur son crâne, derrière ses oreilles ou au creux de son cou pour écouter les copines.

252

j'ai fait chanter toutes les vedettes mais ma favorite, c'est peut-être ma copine Régine.

J'étais comme Cyrano. Tant que je prêtais mes mots aux autres, ça faisait un tabac. Mais dès que c'est moi qui chantais, ça restait, disons, un succès d'estime.

Jusqu'au jour où j'ai retourné ma veste et où je me suis aperçu qu'elle était doublée de vison. Je me suis taillé un rôle sur mesure.

(pour la première fois depuis le début du film, on montre Serge Gainsbourg sur un plateau de télévision)

(Gainsbourg est dans l'ombre de sa gueule)

La télé, c'est pour moi. Avec ma tête, les gros plans impressionnent les gens.

je me décidai enfin à autoriser à ma gueule toutes ses excentricités. Quittant définitivement le domicile conjugal, après un bref passage chez papa-maman, je me trouvai une garçonnière. Plus exactement une chambre à la C.I.A. : Cité Internationale des Arts. Résidence pour artistes généreusement mise à disposition par l'administration gaullienne. J'étais au 4e : l'étage des musiciens et artistes lyriques. Que des virtuoses. Moi, champagne dès le matin. J'enquillais. Je tenais un cahier de notes. Pas du solfège. Des notes sur vingt. Avec commentaires.

(Dans la scène qui suit, c'est six fois le même plan : six filles différentes sont filmées au même endroit. Elles sont devant la porte de la chambre de Gainsbourg (n°42) et attendent qu'il leur ouvre. Une attente un peu gênée. On les voit comme par l'œil de Bœuf. Elles se tortillent, s'arrangent les cheveux. Elles sont toutes ravissantes et totalement ignorantes de ce que Gainsbourg écrit d'elles dans son petit carnet. Bien entendu, on entend en off la voix de Serge Gainsbourg qui égrène ses vilains commentaires.)

Celle-ci ne sait même pas embrasser. Il a fallu lui apprendre que la bouche, en dépit de sa fonction non génitale, est le premier organe sexuel d'un individu.

Celle-là, une endive pâle, les hanches prises dans le sable glacé de l'hiver. Le bassin est si neuf qu'on pourrait croire qu'il ne m'a jamais servi. Ce qui n'est pas le cas. Tout cela est à dégeler.

Lorsque nous avons commencé à bien nous entendre, celle-ci m'a transmis l'impression de jouir par le haut. Avec sa chevelure.

Regrets, cette aurore avec elle. Mes abus d'alcool m'ont poussé à l'humilier. Elle reviendra, qui sait ? Non pas pour l'humiliation, pour la frénésie pénétrante. Pour ses contorsions de ver à soie. Pour mes dents plantées dans son cou.

(il regarde par le judas)

Des progrès notables. Elle est encore une endive mais tout à fait consommable. Miam-miam.

contradictions émouvantes. Ne se laisse jamais envahir. Elle allait à la volupté avec des gémissements suffocants et scandés: des spasmes.

(Les filles chantent les paroles de Bloody Jack tandis que Serge Gainsbourgleur ouvre la porte de son studio)
la gueule

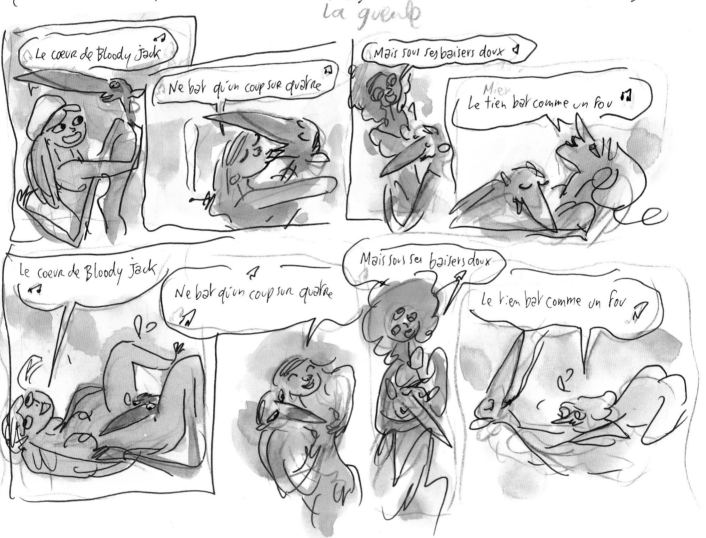

Le cœur de Bloody Jack

Ne bat qu'un coup sur quatre

Mais sous ses baisers doux

Mien
Le tien bat comme un fou

Le cœur de Bloody Jack

Ne bat qu'un coup sur quatre

Mais sous ses baisers doux

Le tien bat comme un fou

255

♫ chante danse baby pop comme si demain baby pop au petit matin baby pop tu devais mourir ♫
La jeune fille uniquement vêtue de collants vert pomme chante par-dessus la radio.

"C'est Humbert Humbert qui me fascine, c'est pas Lolita, c'est le côté lamentable de l'homme. Lolita c'est une petite conne." S.G.

mouvement obstiné des nichons. impossible de les détailler ils sautillent sans cesse. Serge finit une coupe de champagne et pédale dans le vide. Cigarette main sur le cul baiser.

" Qu'est-ce autre chose que la vie des sens, qu'un mouvement alternatif, de l'appétit
au dégoût et du dégoût à l'appétit, l'âme flottante toujours incertaine entre
l'ardeur qui se ralentit et l'ardeur qui se renouvelle ? " S. G.
Bossuet, oraisons funèbres (cité à tout bout de champ)

La chambre Cité des Arts donne sur un Paris imaginaire où se bousculent Tour Eiffel Panthéon et samaritaine. un Paris pour le japon.

"Sade, évidemment...
c'est la langue de Bossuet
au service de choses inavouables."
S.G.

Maryam
Gourkafkright

Chloé
François-Paulin

danseuses Cité des Arts

Joanna Potenza

Amely
Giroud

Amelie

Julie
Boulanger

Ces filles déboulent chez Gainsbourg en hurlant "Qui est in? Qui est out?" Elles s'entraînent à danser comme dans les années 60. Parfois dans la tenue du film parfois en survêtement. Je me mets dans un coin je dessine les danseuses. Au bout d'un moment j'ai l'impression de changer d'époque.

Charlotte
Ficheux

danseuses Cité des Arts

Constance

Camille.

Margot
Dufrêne

Cécilia
Molatore

j'ai eu la chance de connaître Brigitte Bardot au sommet de sa beauté et de son intelligence. Elle est la Rolls de ma vie.

- je veux pas t'empêcher de dormir.

- mais je m'en fiche de dormir.

Ceinture métallique   Scène 51

manteau panthère
ceinturé
cuissardes
Petite jupe en vinyle

GROS SAC

est-ce que le
lévrier peut avoir
la même couleur que
le manteau?

faire des talons plus hauts
qu'en vrai

...rdot,
...hantant,
...tord voluptueusement,
...caresse les hanches,
...borde de sensualité.
...rien ne passe
... disque." S. G.

Je dessine Bardot d'après nature.

est étrange   d'être vraiment avec Bardot.

274

Va au piano

ECRIS-moi la plus belle chanson d'amour

Redis "Oh, mon amour"

on doit filmer son cul et ses jambes et ses pieds. Elle doit être dorée

mon amour.

Non. "Oh, mon amour"

Serge n'a plus rien, plus d'armure. il a laissé à la consigne son humour, sa distance, son savoir et l'expérience et le cynisme. il a ouvert sa chemise. son thorax de poulet. Vulnérable comme lorsqu'on dit "Tu sais, c'est exactement là qu'il faut planter ton sabre si tu veux me faire mal"

je vais t'empêche de dormir...

...si je compose

je m'en fiche de dormir.

" - tu ne vas pas me faire mal ? "

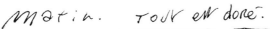
Matin. Tout est doré.

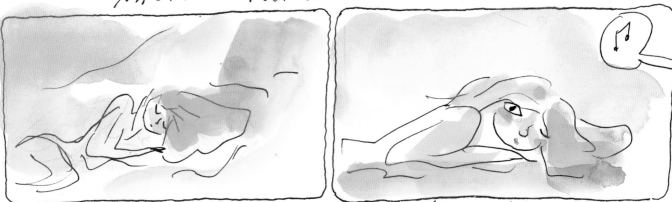

le visage de Bardot. Elle s'étire. crinière. "est-ce qu'il y a des croissants?"

Peut-être que c'est dans cette phrase "est-ce qu'il y a des croissants?" qu'est toute la joie du monde.

(mais la scène s'interrompt brutalement. On se retrouve chez les parents de Serge Gainsbourg. La
mère ouvre la porte de son appartement et tombe sur Joseph très anxieux qui lui chuchote
qu'il ne faut pas aller au salon

Chut! il ne faut pas entrer.

Brigitte Bardot est là,
elle parle à Lucien.

Pourquoi chez nous?

Chez Lucien il y a
des photographes

Ça va très mal

Lucien a écrit une chanson
pour Brigitte Bardot. Le mari
de Brigitte Bardot est en colère.
Il lui interdit de la chanter.

Qu'est-ce qu'il avait besoin d'aller
avec une femme mariée!

Tais-toi chut!

280

Rue de Verneuil

Si tu as des amis c'est bien.

(il regarde le show B.B à la télévision)

"Nous nous sommes dit "tu". Nous nous sommes dit tout. Nous nous sommes dit vous, puis nous nous sommes tus"

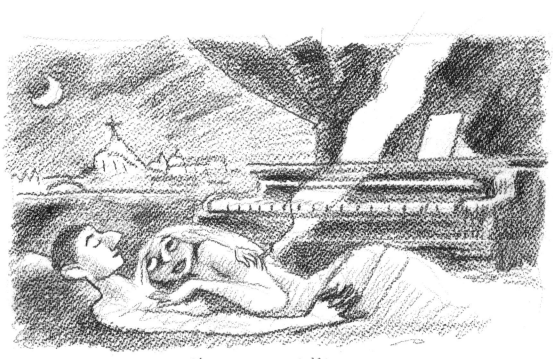

- Oh mon amour

" Je sais que je suis légèrement blessé au cœur et j'espère que je pourrai survivre." S.G.

initials B·B

Bardot est de retour chez elle. On ne voit pas Gunter Sachs. On entend juste sa voix. Sur l'écran: Bardot qui dénoue ses cheveux et le reflet de Bardot. Plan fixe. Il la pousse à bout. Cette scène est hors sujet. Elle ne sera pas dans le film. C'est le souvenir d'une improvisation de Priscilla de Laforcade. Ça n'a rien à faire dans mon film mais j'aurais adoré filmer ça. Pendant les essais, c'est moi qui faisais la voix du mari.

"J'étais misogyne, je deviens misanthrope." S.G.

il est seul chez lui et il picole - et c'est le 31 Décembre

et la Gueule fait venir des fêtards. Et personne ne remarque Gainsbourg

c'est un aquoiboniste

un faiseur de plaisanteries
qui dit toujours à quoi bon

Et la Gueule baise des filles dans son PROPRE lit

A quoi bon

un aquoiboniste
un modeste guitariste
qui n'est jamais dans le ton
A quoi bon

Et quand les invités s'en vont parmi les cadavres de bouteilles

la Gueule vient tapoter affectueusement le crâne de Serge

comme si c'était un vieux chien triste

jane

Londres (il pleut toujours !)

Serge, je te présente Jane

On va faire un essai tout de suite. Mademoiselle, vous pouvez confier votre bébé à quelqu'un

Jane arrive aux essais du film de Grimblat avec Kate sous son bras. Pendant ses essais filmés la petite fille est hors-champ dans les bras d'une assistante.

le bout d'essai
en noir et blanc
que Jane a tourné
pour le film "Slogan"
Serge fait exprès
de lui savonner
la planche. il
lui donne des
répliques atroces.
il ne la regarde
pas. Un plan
fixe. Refaire à
l'identique les
vrais essais.
Au bout d'un
moment, Jane
se met à
pleurer
pour de bon.
Utiliser cette
scène pour
les castings
du personnage
de
Jane Birkin ?

Le début du tournage de "Slogan" a été une catastrophe. Jane venait de divorcer. Moi, je ne me remettais pas du passage de la comète Bardot.

quand je suis allé la prendre à son hôtel, j'ai vu cette fille descendre l'escalier dans une minijupe pour fillette de dix ans. Fallait oser. Ça m'a intrigué.

303

Elle a renversé son panier dans le taxi. Il a fallu trois plombes pour tout ramasser.

"Mon berceau était si près de mon cercueil que je n'ai point failli naître"

Bien entendu, Serge parle de mort sans cesse et ne se tue jamais. chez lui, le revolver dans un coin de la maison et les balles très loin de l'arme. Moi je trouve que Gainsbourg n'est jamais suicidaire. Même pas avec l'alcool. Même pas avec la fumée. Moi je trouve que c'est de la bravade.

C'est une manière de courage et de provocation; c'est une manière mais ça reste selon moi dans le camp de l'envie de vivre. Je se vois en Saint Sebastien ou en "Ecce Homo" il marche sur un fil pour que le regarde tout en faisant bien attention à ne pas tomber. Pascin, bien entendu, c'était tout l'inverse.

dès qu'il reconnaît Gainsbourg, le pianiste de Madame Arthur se met

à jouer "la javanaise". Serge frime. il est fier de Jane. Elle danse

Serge lance des regards dans toute la salle. il mesure l'effet que produit Jane.

Tu aimes ce chanson ?

Elle est pas mal

est-ce que même pour des élections amoureuses il faut à Serge un assentiment public ?

Tu danses pas très bien

je fais de mon mieux

Elle adore qu'il frime et qu'en même temps il lui marche sur les pieds.

peut-être qu'elle tombe amoureuse parce qu'il lui marche sur les pieds.

GONZO

il l'emmène chez
Madame Arthur

le pianiste le reconnaît
et joue
"la javanaise"

confettis.

Gonzalès.

À l'affiche de Bardot les regarde.

jane surprend serge
endormi avec Nana. Elle
les prend en photo. Scène
silencieuse

Au bout d'un moment,
le chien se tire

jane se blottit dans les bras de serge, exactement
à l'endroit où était le chien.

De tout le film, c'est peut-être cette image-là qui me tient le plus à cœur

<u>Scène 67</u> . t-shirt et calotte-

<u>Scène 68</u> Gainsbourg nu dans sa femme avec le chien -
ell t-shirt et calotte

<u>Scène 69</u> et 70 → Birkin en Robe Paco Rabanne . p.366 . (sans les bretelles)

m̄ costume
qu'avant

veste sur épaule

<u>malaxe pour la
première fois</u>

mal coiffé

<u>Heu-Reux</u>

Birkin et
Gainsbourg
portent la
même clé
autour
du
cou

quelle époque les repetto ?

Scène 74 : + cherise Parme
75 # Repetto blanches
jeans
caban

76

SC 77 Hôtel particulier

♪ j'aimerais que ce télégramme ♪

♪ soit le plus beau télégramme ♪

Même si elle repart que quelques jours à Londres je suis dans des extrémités slaves. Je regarde se consumer la flamme d'une veilleuse vacillant au rythme sanglotant de mon souffle et j'invoque les dieux et Stravinsky pour que revienne Jane

♪ de tous les télégrammes ♪

♪ que tu recevras jamais ♪

Il me vient à l'esprit que je pourrais parfois limiter certains débordements. Je parviens si bien à composer pour les autres une cuirasse, une défiance ironique. Pourquoi le masque tombe-t-il quand je me retrouve seul ? Se mettre dans un état pareil quand elle est à Londres.

♪ et qu'ouvrant mon télégramme ♪

♪ et lisant ce télégramme ♪

Maintenir entre moi et mes semblables des Distances Philanthropiques.

♪ à la fin du télégramme ♪

♪ tu te mettras à pleurer ♪

À la place de Bardot, Serge a collé un portrait de Monroe.

il a aussi ces photos de Monroe à la morgue (Norma Jean Baker)

À St Tropez, le tournage, rien que ça! Ni une ni deux, je lui file le train. Je loue la même cadillac que Delon: une Fleetwood noire avec chauffeur en livrée.

CLIC! CLAC! CLIC! CLAC!

Monsieur, s'il vous plaît.

Si vous pouviez vous abstenir de jouer avec une arme à feu quand on roule sur les pavés

Parce qu'à la moindre secousse, ça peut partir. Il est chargé j'imagine?

Évidemment.

Et vous avez l'intention d'en faire usage en ma présence?

Tout est possible.

Ma fiancée tourne avec Alain Delon. S'il la touche, je les abats tous les deux. Et ensuite je me tue.

J'ai raison, non?

Certainement monsieur.

Qu'est-ce qu'il se passe? Pourquoi on n'avance plus?

C'est la Cadillac, monsieur. Elle est trop large pour les rues du village monsieur.

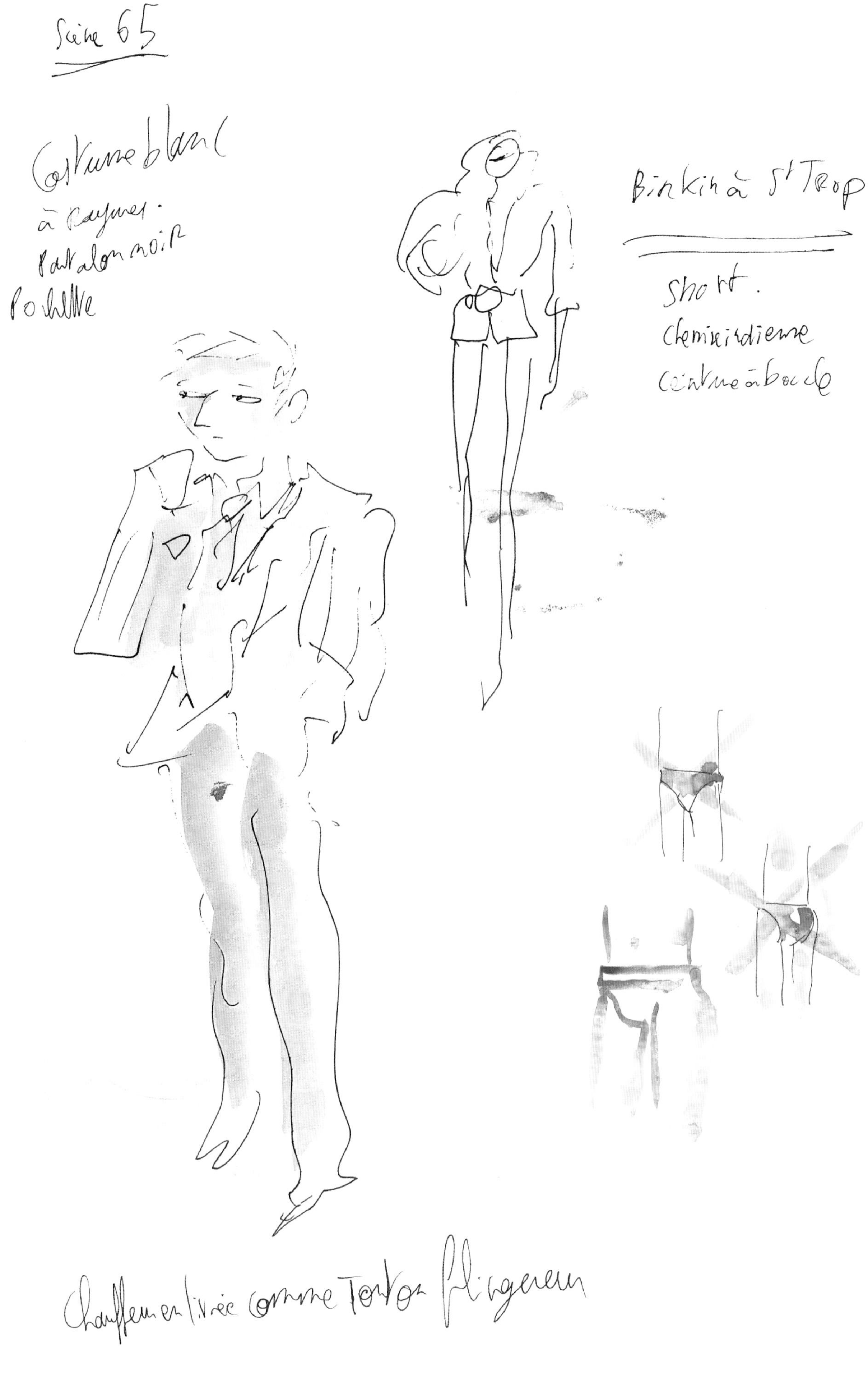

Scène 65

Costume blanc
à rayures.
Pantalon noir
Pochette

Bikini à St Trop

Short.
Chemise dienne
ceinture à boucle

Chauffeur en livrée comme Tonton flingueur

"La décadanse, ça n'est jamais qu'un slow inversé." S.G.

Avant d'ouvrir le gaz elle pense à son canari. ♫

Avant d'en finir une fois pour toutes avec la vie ♫ ♫

Elle prend la cage et va sur le balcon ♫

Le vent glacé de l'hiver la saisit ♫♫

lui donne des frissons ♫♫

Tu sais, je trouve que ça ne va pas—

Mais si, tu as une fragilité superbe.

Pardon. Je pensais pas sur la chanson. Je regardais tes habits. Je trouve c'est pas bien.

Eh dis donc!

Peut-être tu pourrais faire un peu plus négligé. Ouvrir ton chemise. Avoir tes cheveux un peu plus longs.

Peut-être tu devrais laisser pousser un peu ton barbe.

!

Reprends la chanson

C'est pas une petite rosbif qui va m'apprendre l'élégance.

tu es vexé ?

♪ tandis que sur Londres lentement descend la nuit

sur le guéridon auprès de la fille endormie ♫

on peut lire ♫ griffonnés au crayon

Rien que ces quelques mots ♫

le canari est sur le balcon ♫

330

quand Lucy arrive sur le tournage il se
passe un truc magique. Elle fait rire tout
le monde. Elle met tout le monde dans un
état enfantin, joyeux, léger.

on vient voir le patron.

Vous avez Rendez-vous?

si tu crois qu'avec ce que j'apporte
j'ai besoin de Rendez-vous.

Contrairement
à la vraie Jane,
notre Lucy a
Les yeux en amande.

fait penser à
Guido Crepax

LILOU

2 C 006-12666

EMI

Pathé

STEREO
PEUT ETRE UTILISE AVEC
UN LECTEUR MONO

**SI TOUS
LES HOMMES
ETAIENT
FRANÇAIS**

**ÇA N'VAUT
PAS
L'AMOUR**

photo : g. spitzer

C'est peut-être grâce à Lilou que j'en suis là avec Gainsbourg.
Lilou était chanteuse et son mari jouait du piano. Je les
écoutais avant de savoir parler. Il lui écrivait des chansons.
Parfois, dans les paroles, il était question d'un petit garçon
"aux yeux tout ronds et au nez retroussé. Joann était son nom".
J'aimerais pouvoir promettre que je me souviens très bien de
tout ça. Que j'entends sa voix pour de vrai et que ce ne
sont pas des souvenirs fabriqués. La réalité c'est que
tout le monde en a assez de m'entendre parler de
ma mère. Quel sens ça peut bien avoir de continuer
trente-cinq ans après à dire qu'on veut entendre sa maman?
Je m'accroche depuis son décès au monde du silence. Je suis
dans le dessin où aucune chanson n'entre jamais. Mon
père a fermé le piano quand Lilou est morte. J'ai
sacralisé les chanteuses. Gainsbourg et Birkin m'ont
aidé malgré eux à construire un monde plus joyeux
que le monde. Je quitte le silence. Je vais loin du
dessin dans un paysage où je vais entendre des
voix vivantes. Je vais quitter mon terrier en
papier. Pas de réel. Merde le réel. Je me sauve
dans le cinéma. Chantez-moi des chansons les filles!
Merci Lilou.

Vous avez raison, je l'abandonne là et je me tire

Non

On va le foutre à la Seine votre camion

vous êtes pas dingue!?

quoi? c'est marrant

Passez-moi les clés, je descendrai au dernier moment

Ho!Ho! HO!

Allez! Allez!

VRAOUM

VROOU VROUUM

VROON

PLOUF!

je ne sais plus où j'ai lu cette anecdote mais elle est véridique, sans doute dans le livre de Verlant: un jour, Serge Gainsbourg a eu les honneurs des journaux à cause d'un camion. Un type est entré dans un bar où buvait Gainsbourg. Les deux ont discuté un moment puis le gars est allé fiche son camion dans la flotte. Si j'ai bien compris, le journal du lendemain a montré le camion dans la Seine et Gainsbourg hilare qui posait à côté. J'adore me dire que Serge avait la force de persuasion nécessaire pour convaincre un honnête travailleur de balancer son poids lourd au fond de l'eau. Pour moi c'est aussi le truck du film "je t'aime moi non plus". J'imagine que si la Guerre devait se suicider elle choisirait une méthode assez proche de ça: le camion dans l'eau

340

(quelque chose me dit qu'on n'aura pas le budget pour fiche
un camion dans la Seine.)

ils dansent tous les deux chez Régine. (ou bien chez Castel) (car nécessité d'être proche de la Seine)

Pour Rire, Serge renverse le panier de Jane devant tout le monde

Jane, voulant se venger, Ramasse une tarte aux fruits et l'écrase sur le visage de Serge

instantanément, elle s'aperçoit que Serge est profondément blessé (son visage)

On entend cette valse "La Noyée" celle qui écrivit Gainsbourg pour le film de Polonsky

Et quand Serge jouait cette valse à Marilù Tolo, Jane était jalouse.

Et c'est en Pologne, au milieu d'Eli Wallach, Yul Brynner, au milieu du souvenir des voleurs de chevaux et des partisans juifs qu'elle a dit à Serge "fais-moi un baby."

Aïe! Leurs cris joyeux à la surface de l'eau. Tout ce bonheur-

Ça a suffi pour ressusciter La Gueule. Juste au moment où Serge

J'ai rêvé que j'avais des blessures dégueulasses sur les doigts. Alors on m'avait mis des bandelettes autour des mains, comme une momie.

Et dans ce rêve, je croyais que c'était grâce aux blessures que j'avais du talent.

pense ne plus jamais avoir besoin de cette créature

À un moment, je retire les pansements et je m'aperçois que les mains sont guéries. Alors j'ai peur. Je me dis que j'ai perdu mon talent. Alors je me mets au piano. Et tout va bien.

Je m'aperçois que je peux écrire même si je suis heureux.

La Gueule sort de la Seine River...

345

À la maternité de Londres, Sergio vient voir son Baby.

♪ le soleil est rare

et le bonheur aussi ♪♪

♪ mais tout bouge au bras de

Melody ♪♪

♪♪ les murs d'enceinte

du labyrinthe ♪♪

♪♪ s'entrouvrent sur

l'infini ♪♪

Apprenant qu'il est père, Sergio traverse tout Londres sous la pluie, en souriant.
Le Rose vire au rouge. Brutale accélération. La Gueule le guette. Danger !

Rue de Verneuil. infarctus.

♪ Au cinquante six, sept, huit, peu importe de la rue X. Si vous frappez à la porte D'abord un coup, puis trois autres, on vous laisse entrer ♪

♪ Seul et parfois même accompagné ♪

Gros plans saccadés sur un téléphone en bakélite puis sur les figures grimaçantes des objets étranges que collectionne Gainsbourg. Le sol en damier. COUPS frappés à la porte Les pompiers explosent la serrure

♪ Une servante, sans vous dire un mot ♪ vous précède

♪ Des escaliers, des couloirs sans fin se succèdent ♪

♪ Se succèdent ♪

Les pompiers défoncent la porte à la hache.

♪ Décorés de bronzes baroques, d'anges dorés, d'Aphrodites et de Salomés ♪

BOM BOM BOM

on continue d'entendre le violon de Melody. Mais les coups violents frappés à la porte gâchent tout. Ils battent comme un cœur malade

BRAИCARD. OXYGÈИE.

Heureusement que vous avez eu la force d'appeler.

il y a un hôpital où vous êtes suivi ?

Emmenez-moi à l'hôpital américain.

Attendez !

C'est quoi cette couverture dégueulasse ?

il y a un plaid Hermès sur mon paddock. Allez le prendre.

On n'a pas le temps !

Il est couleur crème, vous pouvez pas vous tromper. Dépêchez-vous.

l'Hôpital Américain

Hafsia Herzi pour l'infirmière. Comme dans la chanson de Tony Truand, lui faire une queue-de-cheval. Marre de voir Hafsia jouer les gentilles filles. trouvons-lui une apparition en femme de pouvoir, glamour, vamp. L'infirmière connaît parfaitement Serge Gainsbourg. Elle est très fière qu'il la drague. Elle contrôle parfaitement la situation et s'amuse beaucoup.

« Toi, j'avais dit que j'voulais plus voir ta gueule !! »

« j'apporte des cadeaux »

NOK ! NOK !

« de quoi fumer le calumet de la paix. »

Dans l'hôpital, la nuit, la Gueule vient semer sa zone. Elle fait fumer Serge et dissipe les odeurs grâce à un flacon de chez Van Cleef & Arpels.

(guerlain ?) (évidemment.)

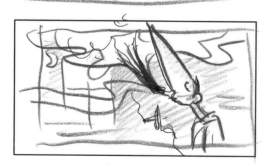

psniiit   psniiit   psniiit

(Si les infirmières sentent la fumée on est morts tous les deux.)
j'ai si apporté du déodorant ça masque l'odeur.

Scène ⑻
(faut se tirer d'ici)
(c'est pauvre)

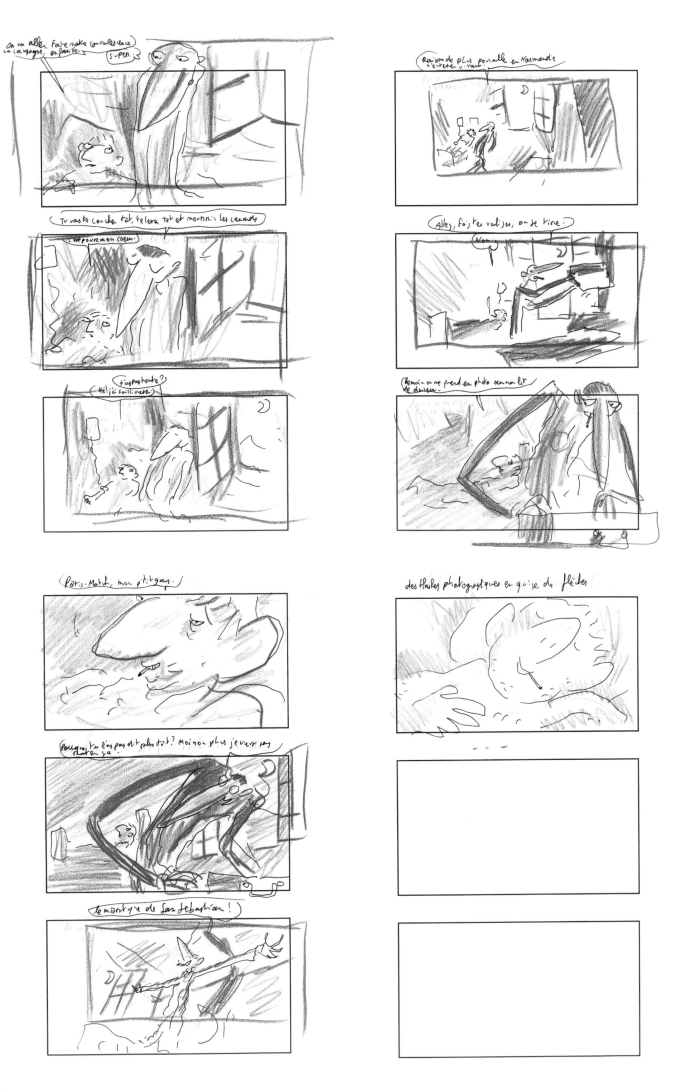

la perfusion
bringueball

(sur l'air de ô ma Lou ô Marilou)

juste quelques clichés, il est
encore très faible.

FLASH!   FLASH!   FLASH!

FLASH!   FLASH!
FLASH!
FLASH!

FLASH! FLASH! FLASH! FLASH!

sur l'air de ô ma lou ô Marilou

BoBino. la gueule, la mère, Gainsbourg et le père.

pardon pardon pardon

Excusez-moi, ces sièges sont réservés

clap clap clap   clap clap

(une ligne de basse)   ♪ Doum doum doum ♪

(Trois accords de Brassens)

♪ mon seigneur l'astre solaire...

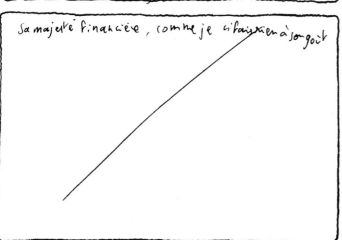
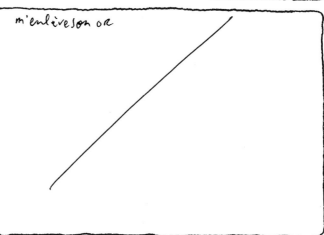

(toujours dans le même appartement. une bougie se consume) au-dessus du drap qui couvre le mort

Le corps est posé à même le sol. on entend des psaumes en hébreu.

Les hommes se lèvent pour dire la prière du kaddiche (dix hommes)

Serge Gainsbourg, les yeux bouffis de larmes, dit la prière au milieu d'eux

C'est le seul moment du film où il porte une kippa.

Yitgaddaal veyitqadach...

Soutenue par Jacqueline, Liliane et Jane, la mère arrive

J'ai repassé son smoking.

monsieur le rabbin, il faut lui mettre son bel habit.

(on m'a demandé de rendre Gainsbourg moins juif et de laïciser cette scène.
les rabbins iront donc se réfugier dans mon dessin animé du chat !

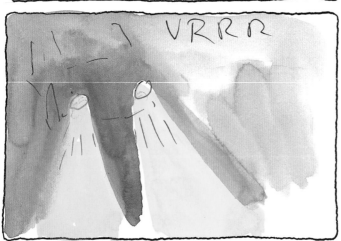

tête de chou

" J'ai croisé l'Homme à tête de chou à la vitrine d'une galerie d'art contemporain. Quinze fois je suis revenu sur mes pas puis, sous hypnose, j'ai poussé la porte, payé cash et l'ai fait livrer à mon domicile. Au début il m'a fait la gueule, ensuite, il s'est dégelé et m'a raconté son histoire. Journaliste à scandale, tombé amoureux d'une petite shampouineuse assez chou pour le tromper avec des rockers. Il la tue à coups d'extincteur, sombre peu à peu dans la folie et perd la tête qui devient chou... " S.G.

CHLOÉ COULLOUD

Marilou coiffeuse .

Avant la coupe :

Après la coupe de cheveux

il a fusionné avec la Gueule.

- qu'est-ce que vous m'avez foutu ?

- Comme ça au moins vous y verrez plus clair.

delirium

(Kingston. On lui présente les musiciens de Peter Tosh et Bob Marley. ils sont assez)
(goguenards et distant. Gainsbourg est ailleurs

99

Dans sa chambre. chemise ouverte. On lui demande si tous ses textes sont écrits
Pour le lendemain. il dit "Non, non, j'ai que des feuilles blanches". Terrifiant de
l'interlocuteur. Gainsbourg dit "maisna, je déconne"...

396

... et une fois seul, il se retourne vers le lit où sont étalés des tas de papiers blancs

il se klaxonne la gueule et écrit.

Si on suit la réalité chronologique, il écrit et chante "Lola Rastaquouère". Mais peut-être c'est plus fort de mettre "La Nostalgie camarade". Attention! Réussir un chant a cappella où le seul accompagnement consiste en une Rythmique tapée sur la table avec la main ou le stylo. Aucune orchestration

"Je suis paresseux. J'ai trop de facilités. J'accouche comme une négresse. Je vais dans la brousse, je fais un grand trou et je mets un caillou au fond et l'enfant tombe d'un premier jet." S.G.

- Pourquoi ils font la gueule?
- ils se demandent ce que tu veux leur faire chanter. les chansons sexuelles il vaudrait mieux pas leur expliquer trop les paroles.
- Pourquoi ils baisent jamais?
- ils rigolent pas avec le reggae, pour eux c'est de la musique sacrée
- Bin t'as qu'à leur dire qu'on va jouer la Marseillaise
- Et je leur explique ça comment?
- Bon... Heu... it's a

french war song!

"- La marseillaise! it's a french

il débarque au studio sans avoir dormi. Avec tous ses textes. Studio au bord de l'eau. (t-shirt "jane")

Pourquoi ils me regardent comme ça? ils se foutent de ma gueule.

ils savent pas d'où tu sors

ils ont l'impression que t'es une sorte de milliardaire français qui s'est payé les choristes de Bob Marley pour caprice.

Si tu trouves pas quelque chose pour détendre l'ambiance ils vont nous refaire notre album.

4 janvier 1980 : Strasbourg . citations et documents d'époque, principalement UNAP.

"un juif sur le drapeau tricolore et la Marseillaise en reggae"

l'UNAP, Union Nationale des Parachutistes Français fait annuler une dédicace à laquelle ils entendent s'opposer "par tous les moyens"! "Lui qui avait déjà du mal à retirer son masque".

L'UNAP intervient pour que la Marseillaise ne soit pas chantée "faute de quoi nous nous verrions dans l'obligation d'intervenir physiquement et moralement et ce avec toutes les forces dont nous disposons".

"Gainsbourg, c'est en réalité Ginzburg, autrement dit une cohorte de gens qui, passés par les pogroms russes et les fours nazis, se sont bien - et même très bien - installés chez nous".

extraits du texte de Michel Droit, paru dans LE FIGARO:

" En enregistrant une parodie de la Marseillaise, Serge Gainsbourg a sans doute cru
Réaliser une affaire... Lorsqu'il se regarde dans une glace, Gainsbourg doit rêver
d'une société qui aurait son visage... Oeil chassieux, barbe de trois jours,
lippe dégoulinante. Quand je vois apparaître Serge Gainsbourg, je me sens devenir
écologiste... contre la pollution qui émane de sa personne et de son œuvre, comme
de certains tuyaux d'échappement... L'aspect le plus délicat de cette odieuse
chienlit: l'antisémitisme. Dans ce domaine, s'il y a des propagateurs,
il peut y avoir aussi, hélas, des provocateurs. Serge Gainsbourg provoque
l'antisémitisme. Tout ça pour en tirer profit aux guichets de la S·A·CE·M !!"

(il garde sa gueule d'enfant de retour chez lui. un enfant content de sa bonne blague)

(il lit l'article de Michel Droit dans le Figaro)   (et l'enfant...)

des feuille,
lui poussent
puis elles
se
fanent

(Redevient un choux-fleur)   (qui pleure)

Bambou à la
Main jaune :
Seins nus et jeans.
Puis Gainsbourg
lui prête sa
Veste.

"C'est marrant. c'est exact. je n'ai aucune prétention à être moi-même". S. G.

« Gainsbarre n'a pas besoin d'être nécessaire, il est là. C'est l'être vivant qui est libre de ses sarcasmes, de ses conneries et de ses humeurs. Je suis celui-ci et l'autre et je m'entends très bien entre nous. » S. G.

"Je suis dans une sale période en ce sens que je n'ai plus besoin de personne." S.G.

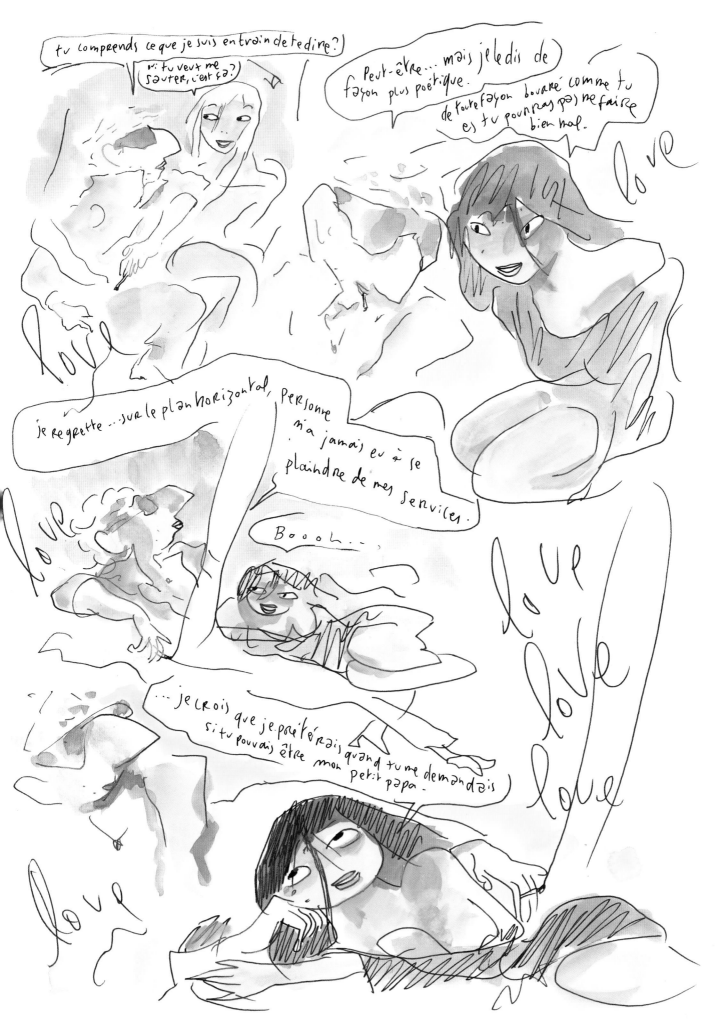

Lucien premier destiné à régner sur la France comme papa.
La France et la Navarre. Faut pas oublier la Navarre les gens y pense jamais

j'ai des connards de nuit mais il serait exagéré d'affirmer que je suis bien entouré.

j'ai commencé à brûler du papier-monnaie dans les sixties. on m'emmenait au bout du monde jouer les affreux dans des films minables. Une vahiné sous chaque aisselle je me klaxonnais méchant. Gin.Rhum. tout. j'allumais mes sèches à la monnaie locale. Un coup j'ai mis le feu à un claque. je ne me suis jamais pissé dessus, jamais, ni aux urgences ni en ébriété. Fiche le feu oui. par accident. et aussi pour rire. j'aime aussi les putes. Pour se brûler. je les attends en bas. je bande. je bande. Parfois, je bande foulard. Remets-moi dans le sable.

416

1962 = se fait foutre dehors de Yougoslavie pour avoir allumé sa cigarette avec un billet de 100 dinars : "ils avaient cru que c'était un billet de 10.000" S.G.

panou panou callé La cabane

negusa nagast

Bambou m'a raconté ça. Qu'il enregistrait ses mélodies sur un petit
magnétophone à cassettes, qu'il prenait l'avion pour aller faire ses disques
et qu'au dernier moment, c'étaient des feuilles blanches et trouver le titre des chansons.
J'adore cette idée, qu'il avait les titres et du blanc sur le papier et une nuit pour
les lyrics de tout un album. Ça me regarde, mais j'aime le deuxième album reggae de
Gainsbourg. Je ne trouve pas qu'il s'agit d'une redite.

je lui invente des fiancées tropicales. Il paraît qu'il invitait des filles sur ses tournages et qu'il les faisait asseoir sur son siège. Il paraît qu'un jour ça a mis Jean Seberg en colère.

tu as trouvé tes...

paroles? non, tu dors

tu as l'air plus heureux quand tu dors. tu aimes mieux dormir qu'être avec moi?

moi je suis fui.

je m'ennuie...

Est-ce que sa te réveille ? Est-ce que je sais te sucer sans que tu ouvres les yeux ?

oui oui ça aussi sans que tu te réveilles. tu es sûr que tu es pas mort, hein ?

il paraît que les morts ont des cheveux qui poussent encore et les ongles aussi mais oui ça m'existe pas de faire ça à une fille si on est un mort alors je suis contente parce que tu vis mais tu ne t'intéresses pas beaucoup aux événements. tu paies. Tu ne vois même pas ce que tu as payé. Tu te fais avoir. Tu rêves de quoi ? Tu rêves qu'on baise pendant qu'on baise ou bien tu rêves à une chose qui n'a rien à voir ? Et si c'est un rêve où on baise est-ce que c'est moi que tu baises dans ton rêve ?

je suis fou. Je confonds Gainsbourg et Gary. J'ai raison?

je voudrais filmer Gainsbourg dans le Tahiti de "La tête coupable" de Romain Gary. c'est mon livre favori et
ça ne serait pas un hors-sujet. je pourrais faire un film entier et inventé sur ça.

(Casino de Paris)

Pour son Retour du Casino de Paris,
tout le monde s'inquiète de sa santé.
il apparait en haut des marches, trébuche
et dégringole tout l'escalier. stupeur
dans la foule. puis une silhouette
nimbée de fumée ouvre le
Rideau. il n'a rien.
il avait payé un
cascadeur pour faire
une blague.
sa fille était
dans la salle
et n'était pas
au courant.

(toilettes ?

(arrive en titubant en haut des marches)

(se casse la gueule. stupeur)

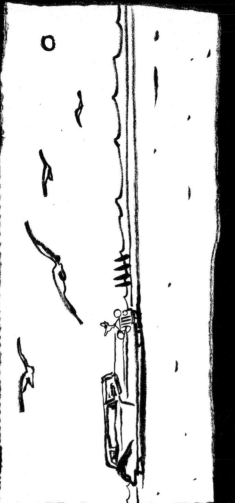

"Pourquoi une Rolls ? Parce que c'est comme chez Renault, il y a des carrosses. Enfin, je suis pas le prince charmant faut pas pousser." S.G.

Générique de fin.

est-ce qu'on peut se payer un générique de fin?

je m'en fiche de dormir

il est enfant. il est avec la même femme. contresens?

Valse de melody. Filmer loin

" le soleil est rare et le bonheur aussi
mais tout bouge au bras de Melody
les murs d'enceinte du labyrinthe
s'entrouvrent sur l'infini "

" On s'invente une vie parce qu'on est humilié et offensé. Comment sortir de ces souffrances autrement qu'en devenant le roi? C'est quand le personnage accepte ses origines qu'il devient enfin normal... J'ai du succès uniquement parce que je suis un personnage. Celui qui me voit une fois ne m'oublie pas. C'est drôle : je suis tellement laid. Tout le mérite, je le dois à cette vilaine gueule que je déteste."

20 ans après il ajoute : " C'est une défense de mettre un masque. Moi je crois que j'ai mis un masque et que je le porte depuis 20 ans. Je n'arrive plus à le retirer, il me colle à la peau. Devant, il y a toute la mascarade de la vie et derrière, il y a un nègre : c'est moi." S.G.

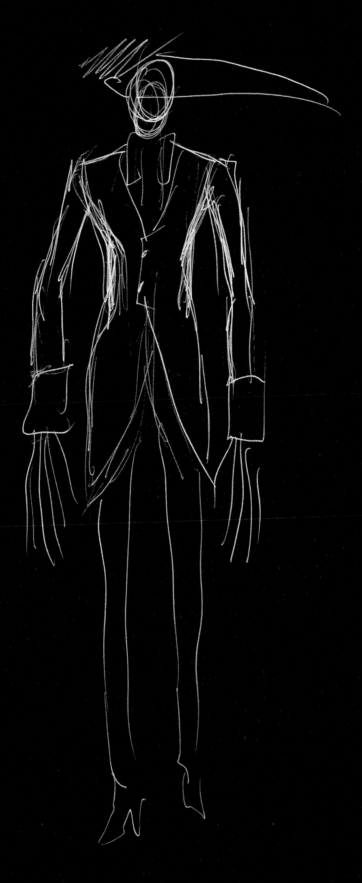

CAHIER DES CRÉATURES

Les dessins ont servi à dialoguer avec David et Montse Marti, et avec Chris Clarke.
Ils ont permis de tomber d'accord sur les créatures du film. Ce ne sont pas des monstres.
Ce sont des dessins.

garder le plus longtemps
possible ouverte la
porte des marionnettes.

Prague
théâtre Noir

plus grand que
lui s'il se tient droit

adulte

capable de se
recroqueviller
sous son épaule

la plupart du temps,
se tient voûté.

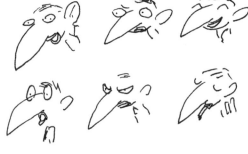

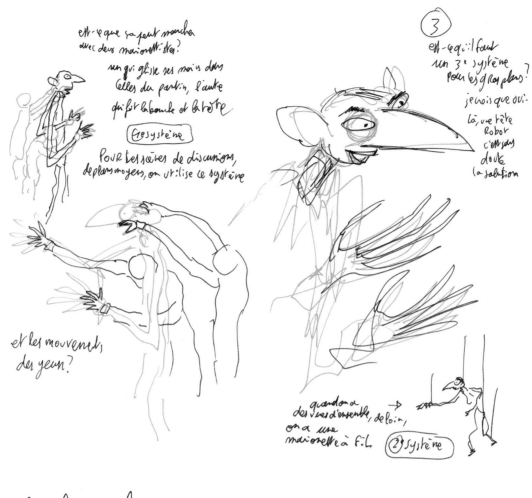

est-ce que ça peut marcher
avec deux marionnettistes?

un qui glisse ses mains dans
celles du pantin, l'autre
qui fait la bouche et la tête.

[1er système]

Pour les scènes de discussion,
de plans moyens, on utilise ce système

et les mouvements
des yeux?

③
est-ce qu'il faut
un 3e système
pour les gros plans?

je crois que oui.

là, une tête
Robot
c'est surement
doute
la solution

quand on a
des vues d'ensemble, de loin,
on a une
marionette à fils

[2e système]

Pour les gros plans

impossible d'utiliser un vrai comédien,
il faut une créature mécanisée

vu de près [NUMÉRO 3]

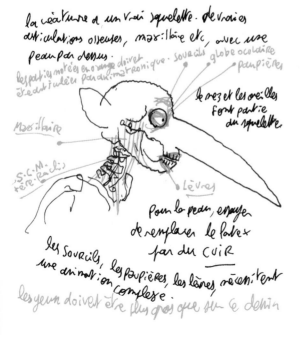

la créature a un vrai squelette. de vraies
articulations osseuses, maxillaire etc, avec une
peau par dessus.

les parties notées en orange doivent
être actionnées par animatronique.

sourcils — globe oculaire — paupières

Maxillaire

S.C.M.
tête Rachis

Lèvres

le nez et les oreilles
font partie
du squelette.

Pour la peau, essayer
de remplacer le latex
par du CUIR

les sourcils, les paupières, les lèvres, nécessitent
une animation complexe.

les yeux doivent être plus gros que sur ce dessin

pour les plans moyens
et le faux "Théâtre noir",
les mains ce sont des gants

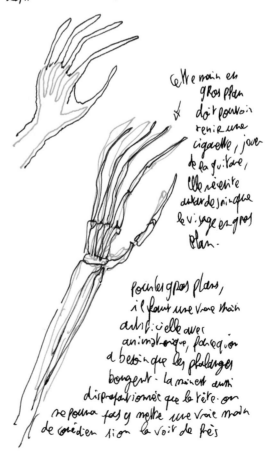

cette main en
gros plan
doit pouvoir
tenir une
cigarette, jouer
de la guitare,
elle récite
autour de son que
le visage en gros
plan.

pour les gros plans,
il faut une vraie main
artificielle avec
animatronique, faudra qu'on
a besoin que les phalanges
bougent. la main est aussi
disproportionnée que la tête. on
ne pourra pas y mettre une vraie main
de comédien si on la voit de près

hors des "turn-around" et autres, se
référer toujours à mes dessins pour
construire le personnage.

 essayer de retrouver les espressions
de mes gribouillages

cet axe des yeux, un
peu "oeil de chat" est
très important

← ce sont des globes parfaitement
ronds. c'est les paupières
qui donnent l'air "bridé"

Non.
TROP bien PROPORTIONNÉ

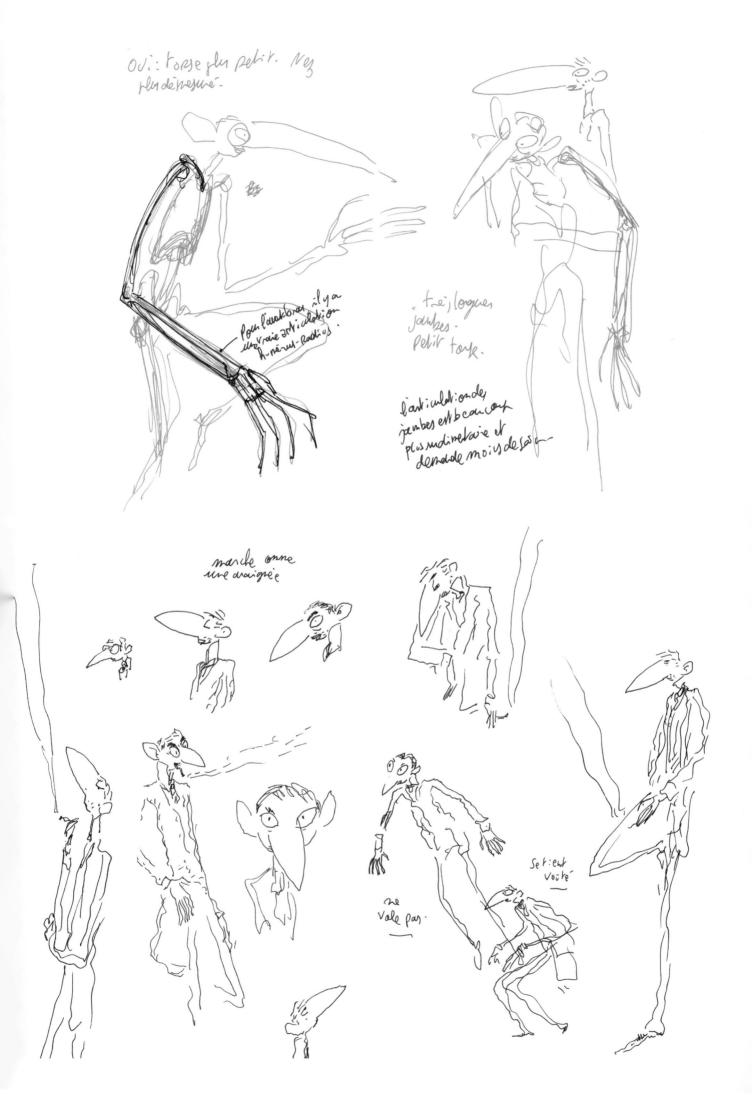

La gueule de l'enfance ressemble à une caricature antijuive. Elle ressemble aussi à Lucien. Elle ressemble par dessus tout au papa de Lucien

-Lève-toi! faut qu'on aille dans la forêt.

Là, ça n'est plus une marionnette, c'est un vrai masque sur le visage du comédien. Avec des yeux qui ne sont pas ses yeux, comme dans le Labyrinthe de Pan

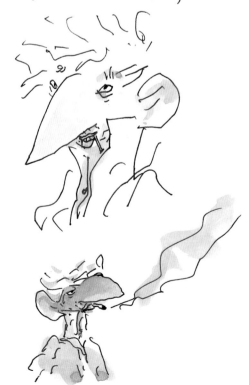

ça, en grandissant,

ça devient   ça

le dernier avatar du héros constitue l'addition de ses états antérieurs.

oui

oui

enfin l'unité!
mais ça coûte cher!

Pour les proportions, cette tête doit être plus grosse qu'un crâne normal. Elle doit toujours donner le sentiment qu'elle est sur le point de tomber.

Angle du cou très important

en tête de chou il ressemble à ça.

Ce sont des feuilles de chair.

Son nez l'attire vers le sol

ce n'est que lorsqu'on coupe les feuilles qu'il découvre sa transmutation

la coupe, ça vous va ?

les trois créatures

Puis

Puis

ça

ça

ça

chrysalide

LARVe

PAPILLON (Noir)

Serge Gainsbourg
vie héroïque

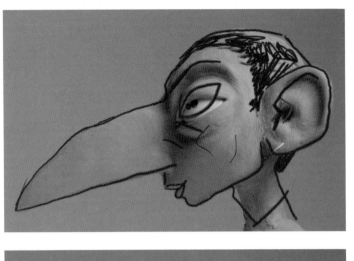

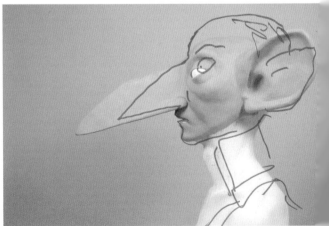

Voici la façon dont on communiquait entre Barcelone et Paris. David Marti me faisait des sculptures et je Redessinais sur ses photos à la palette graphique. La tête de Doug Jones devait tenir dans notre créature. Mais nous voulions que le spectateur ne puisse pas deviner où étaient ses vrais yeux ou son os jugal. Les inventions du "Labyrinthe de Pan" nous ont beaucoup aidés. Je ne sais pas si Guillermo Del Toro verra notre film. J'aimerais bien!

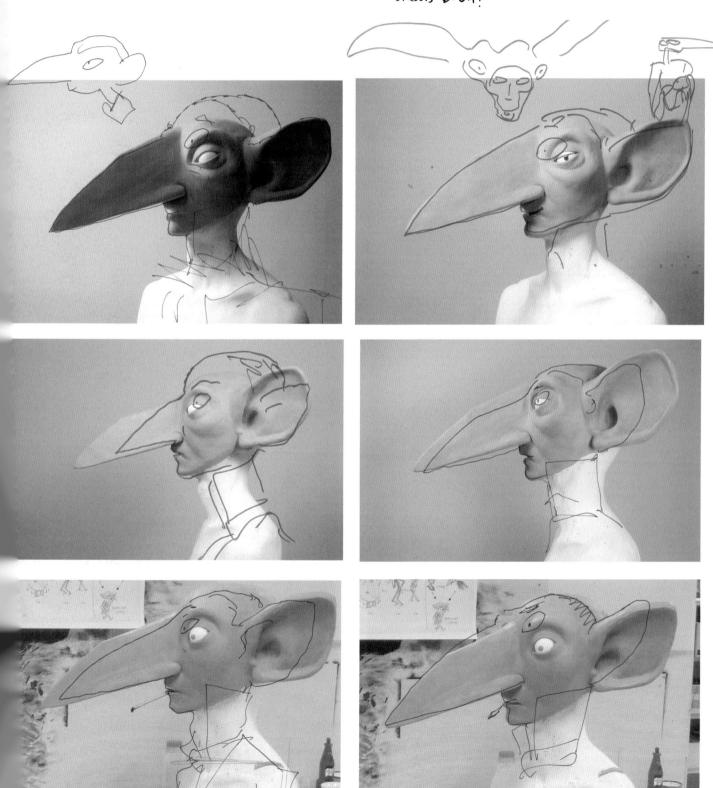

Sourcils
redessinés

lentilles
noires

Nez postiche

Bouche redessinée

prothèse dents
du
dessous

. Drôle de souvenir. Au début je pensais que seule Charlotte Gainsbourg pouvait
jouer Serge. À cause de ses poignets. Nous avons travaillé dans cette direction au début.
Benoît Lestrang élaborait avec moi des prothèses. Des choses pour construire une
passerelle morphologique entre Charlotte et son père. Drôle d'idée. Trop douloureuse sans d.
Voici quelques dessins où je les scrutais pour voir ce qu'ils avaient en commun.

Charlotte et Serge sont aussi timides l'un que l'autre. Mais Charlotte évite les regards tandis que Serge a des silences agressifs, il toise, il assassine d'un coup d'œil.

Construire Serge comme un oiseau

penser à un personnage de Byron

Costume épaulettes. Armature ? rembourrage

j'utilise les photos de Charlotte qui sont sur le serveur F.T.P. Benoît, tous mes dessins sont superposables à tes photos. Joann

6

Pour transformer Charlotte en Serge, le maquillage, le costume et les éclairages seront aussi importants que les prothèses.

dessinder pour qu'il soit différent

Yeux plus asiatiques. Regard plus noir. Yeux plus globuleux

dessin de la bouche très différent maquillage.

Il ne faut pas chercher le réalisme. Il faut créer un personnage aussi maquillé que Cyrano. Sa couleur de peau pourra être aussi blafarde que celle d'Edward Scissorhands

j'ai eu une crise cardiaque que j'ai un
ça prouve que coeur.

le chat du Gainsbourg

France Gall: Frankenstein

parce que
(c'est Gainbourg ou pas?)

je t'aime moi non plus → Bardot / Birkin

l'alcool.

Mister iceberg

la décadanse "ça n'est jamais qu'un slow inversé"

x quand mon 6.35
instr.

x Un violon, un jambon

x Smoke gets in your eyes: reprise reggae?

x Nuit d'octobre instr

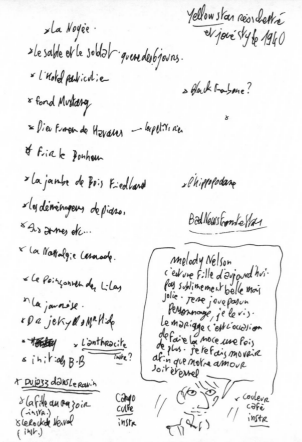

x La Noyée
x Le sable et le soldat · guerre des bijoux.
x L'hôtel particulier
x fond Mustang
x Dieu fumeur de Havanes — le petit vérité
x Fuir le bonheur
x La jambe de bois Friedland   x l'hippodrome
x Les déménageurs de piano.
x Aux armes etc...
x La Nostalgie camarade.
x Le Poinçonneur des Lilas
x La javanaise.
x Dr Jekyll & Mr Hide
x L'anthracite instr?
x initials B.B
x Du jazz dans le ravin
x La fille au rasoir (instr.)
x La rock de Nerval (instr.)

Cargo culte instr

Yellow star résidentié
et joué sty le 1940

x Black trombone?

Bad News from the Star

melody Nelson
c'est une fille d'aujourd'hui
pas sublimement belle mais
jolie. je ne joue pas un
personnage, je le vis.
le mariage c'est l'occasion
de faire la noce une fois
de plus. je te fais mourir
afin que notre amour
soit éternel

x couleur
café
instr

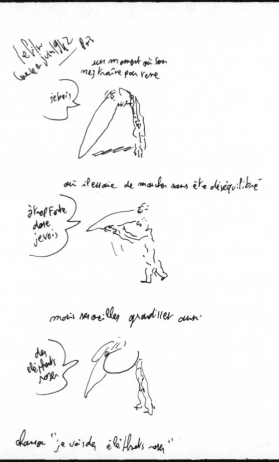

un moment où son
nez traîne par terre

je bois

où il essaie de marcher sans être déséquilibré

à trop forte
dose
je vois

mais ses oreilles grandissent aux...

des
éléphants
roses

chanson "je vois des éléphants roses"

leçon de piano. Morche à gauche du chien

Pourquoi as-tu
fait ça?

Mon doigt
a accroché

LA BIO de VERLANT

à l'école, un instituteur l'appelle "le petit juif".
un jour, il passe derrière lui et s'exclame

Ça pue
la pisse ici!

Bon élève mais ne s'intéresse pas trop.

Kleptomane: pique des soldats
de plomb. fait tomber des
révolvers de leur panoplie.

pique des sous dans le sac de maman
va acheter des sucreries au bas
de la rue Blanche. "Le goût délicat".

il voit que son père prête sa voiture mixée
Jacqueline. son père pique des colères. va
parfois jusqu'aux coups de ceinturons mais le
soir, au dîner, il s'excuse.

ça me perturbe qu'il s'excuse.

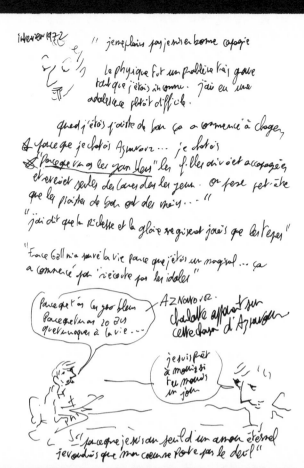

× scène où le père ne trouve pas de travail

× photo du père en zoot suit, amaigri

× 3 jours dans la forêt pour échapper aux Allemands

× orphelin mandataire. [...] joue "parce que" exploitent nous femmes

× Colère en livres de Marilyne
   × Alcool à l'armée. Laisse couler par en mer

× Guitare espagnole (attend d'être adulte pour en rejouer)

× Drague sa première femme à l'académie de peinture. vivre ensemble dans un meuble.
   × se dit par la suite vrai et adulable. Gille de Rais. Jeanne d'Arc

× Madame ARTHUR. Écrit pour des travelos.
   Il signe un [...] avec le diable le diable lui fait changer son [...] et ça devient Julien Gris.

Scène où il aspire à mener une vie adulte et stable. Il pense que ça va bien se passer et il se fait avoir. Des pierres tombent sur la scène.
   Le diable lui fait encore changer son nom et c'est Serge Gainsbourg.

× Son manager son manager. Mieux d'allé à sa [...] [...] de manager le voir dans sa loge.

○ le diable lui fait croire que la chose c'est reprendre et qu'il revienne à la peinture.

× 2e femme. Il veut jouer "parce que" pour la séduire et elle lui demande "vous allez partir dossier à vous?" "La joue vrai"

× chez Dali?
× chez Prévert?
× Vian?

Étoile jaune : ✡
Sa mère discute le pas des ligne. Un milicien lui fait savoir qu'elle ne porte pas son étoile et qu'elle a l'obligation de la porter. Lui, il est braudet, s'il se repose et dit :
- "Maman, il faut que ton étoile brille, tu m'entends! Comme ne veux décidé!"

17 an : Grade Chaumière de 1945

1958 : Mil ord l'Étroville
1961 : L'étrange Gainsbourg
1962 : 4e album
1963 : confidentiel Gainsbourg
64/65 = Franç Gall Lui sauve la mise avec du rock
1966 : Gainsbourg Percussion. Élève les Yéyés sur leur propre terrain
Bonnie & Clyde chantée 1967
1968 : initials J.B.
1969 : je t'aime moi non plus
1971 : Aussi connu que les Beatles. Histoire melody nelson. Charlotte.
1972 : décadanse. Zizi Jeanmaire.
1973 : vide l'Hexagone. Di doo dah (vice cardiaque)
1975 = Rock around the bunker. Film je t'aime moi non plus
1976 = l'homme à tête de chou
1979 = Aux Armes...

1980 : "Guerre et pets" avec Dutronc.
   "Dieu fumeur de Havanes" avec Deneuve
1981 : "Souvre-toi de m'oublier" avec Deneuve
   "Mauvaises nouvelles des étoiles" apparition de Gainsbarre
   album Baywig. Birkin. Adjani. Équateur film.
1984 : Vieille canaille avec Eddy Mitchell. scène de Lulu

AMOURS.

1948 : Élisabeth Levitsky. se marie en 1951.
   s'installe ensemble en 1956. Elle le trompe.
   divorcent le 9/10/1957. Continuent de se voir pendant 60 ans.
1958 : Françoise Pancrazzi (la Pinuerte Goldique). Sa est si digne [...] qui joue un guitare.
   s'épouse en 1964. Lui fauche. Elle le quitte. 2 enfants, Natacha et Paul.
   1966 : divorcent mais Paul naîtra 1967

BARDOT

1959 reçoit Bardot sur le tournage du film "Voulez-vous dater avec moi"
1962 = l'appel à sas. je te dome à qui veux plaît.
1965 = l'omnibus. Bubble Gum
1967 = inséparables depuis le "Show Bardot": soirée au King Club, au Keur Samba à La Calvados. ○

Elle lit à l'Espagne de l'hôtel Aguadulce "Almeria"

Il écrit à son père : "La plus belle fille du monde On m'envie de vous les côtés!!! il me faut parce que je t'aime dans le panneau".

1966 : Bardot se marie avec Gunther Sachs
1967 elle enregistre "je t'aime moi non plus"

Sage sortie le disque : "puisque ma chanson avec toi ne sort pas, selon ton vœu, je jure devant Dieu que je ne l'enregistrerai, de ma vie, avec aucune autre. Cette chanson est tienne, elle restera la tienne"

1968 : "initials BB" signe leur rupture.

"Lis ça! Tu pourras le rééditer c'est un ouvrage tout à fait pour toi! il est écrit à coup de poudre. Ça clogue à chaque page!"

Jane Birkin

20 Mai 1968 rencontre sur le tournage de Slogan
anglaise ennuyée avec sa petite Kate et dandy égoïste.
Boîte News Jimmy's Boulevard du Montparnasse.
   Slow. Boivent. elle s'éclipse au petit matin
69 elle 20 ans lui 40.
70: il la suit sur le tournage de La Pisine. Loue la même Cadillac
que Delon!

Vacances automne 69: château de Mercues

22 Février 1969 : "je t'aime moi non plus"
   aménagent rue de Verneuil.
1971: Charlotte. naît à Londres. Melody Nelson

en 1980, Gainsbourg fait fuir Jane.

Deneuve dit "vous ne pourrez jamais me les pas vos regrets
   et malgré vos triomphes, je vous que vous êtes insoclable"...
1968: Film Manon. Se rencontrent?

1980: la rencontre sur le tournage de "je vous aime"
1980: "Dieu fumeur de Havane" "Sors toi de là oublie"
   discutent rad. ciment les bars. Aucun never
   reste chez lui.

Par le bois secret, la réalité de vivre Lucien et se raparte mal

cassures sur "Deneuve est d'accord"
elle a le devient enmenage un télégramme
   "je sais que vous êtes insoclable pour des raisons
qui ont côté de ce intérieur -stop- j'avois de l'affection
pour vous mais plus d'indulgence serait complaisant"

BAMBOU   gainsbourg.org

- Monsieur Gainsbourg ordonne que j'aille à sa table. qu'il
   aille se faire foutre ce vieux con
- Le vieux con il vient à ta table espèce de boudin.

forqu'elle li cuit elle li dit "mon petit papa". "Serge ça ne serait pas,
   papa ou plus".

σ CULV a 5 ans quel âge ment.

(dessin avec bulle) mon deal avec la mort
ne regarde personne. que
je reboive et que je refume
c'est mon problème

1er Mai 1991 arrivée avec Bambou et Charlotte
2 mars mort.

Thomas Dutronc li tiet compagie.

- dès la fin de la guerre, Lucien se fait virer de Condorcet.
   se plonge dans Adolphe de Benjamin Constant.
   Gorki.
lit les histoires extraordinaires de Poe illustrées par Gus Bofa
& imbeile. fume pour se vieillir.
Maldoror. Robinson. tous les livres parais sont de romans à
   un seul personnage.
      2 Mars 1945: décide de quitter l'école.
18/45 Mathieu   Joseph aura certitude de peinture.

Lucien suit avec passion les cours de dessin de l'Académie Montmartre
   qui s'est rebaptisée Académie Fernand Léger. Beau Ilya en dehet.
   Jacob Pakriarz: sculpteur. survit.
"on arrive toujours si on le veut très fort"
Grande fragilité re ouvres sa père..
"Mon papa a manqué sa vie. Il n'a pas eu assez de persévérance
   pour devenir un grand pianiste. Et je veux pas être lui".
le seul copain du père est un vieux poète républicain catalan avec
   la barbe de Victor Hugo. Poutch
      avec le père, écoute: sacre du printemps de Stravinsky
   musiques pour cordes, percussion et celesta de Bartok
Pelléas et Mélisande, Lulu, Alban Berg
Chostakovitch. Prokofiev. Chopin par Alfred Cortot.

Depuis l'enfance, on fait dialoguer Serge Gainsbourg avec une voix diabolique. Un double provocateur qui lui offre le succès. Mais comment redevenir soi-même si on laisse trop s'exprimer cette voix-là?

8 enfant : rejeter l'image et s'appelle Gainsbourg.

Première scène d'âge adulte :
x être académie de peinture, dragueur, infructueuses. Fatigué par picrochan (déménageur). Je ne suis pas un jukebox, dragué (timide) Lili. Elle le voit dans son bar il lui joue "parce que". Elle l'emmène chez Donl. 7 d'un coup

x service militaire, dessin de cul sur les murs. Vivacité. Blagueur à la con. Antisémite. La guerre s'en prend à quelqu'un d'autre.

8 pianiste chez Madame Arthur. La voix lui demande de se choisir une belle interprète. Il adopte un travesti. Honte du travail.

8 sujet de graves humiliations. Trop antisémite. La foule prend 4 choses en main. On s'attend à ce qu'il soit violente mais elle a vaut tout le monde. Le prend en sympathie et il se bourre la gueule.

jours l'été au Touquet.
fait la vaisselle.
Gainsbourg le découvre (ouvrages de Vian).
(Club de la Forêt au Touquet)
(connaît déjà les jeunes anglaises)
Cole Porter, Gershwin, Irving Berlin.

un type lui demande une pièce et il ne répond : je ne suis pas un jukebox !

il quitte son piano, pied noir sur ses recettes et va au bar. Il me disait jésus, c'est pour tous ses ans, combien je te dois?
2000 balles, voilà!

jour. Une femme superbe arrive. Elle allait voir seule. Il joue "My funny valentine". Elle arrive le soir, je le sais de la salle. J'ai ai pris de SG. "Allez demande à cette jeune femme ce qu'elle veut que je lui joue". Elle répond "My funny valentine"
Il lève et va vers lui.
— Elle dit, elle veut se faire le petit pédicure.
— Oui, eh bien moi je ne vais pas.
Boire le rhum et la regarde partir.

Pris en flag avec une anglaise mariée, on le trouve dans les tribunaux anglais!

"Ce coup-là, je change de nom. Lucien commençait à me gonfler. Je voyais partout "chez Lucien, coiffeur pour homme", "chez Lucien, coiffeur pour dames". Serge m'a paru bien, ça sonnait russe".

Gitane lit l'avenir et peint. voyages, amour tumultueux et morale de mort ses f.sons.

Henri Salvador: "Rock n Roll mops"
Rock around the clock, chanson du film "graine de violence": Bill Haley. Platters "only you".
Tino Rossi: Mediterranée.   8 avril 1957 "La chanson du Diable".
Dalida arrive.
   " Le diable un jour fut torturé
     par le démon de la chair
     et décida d'enlever
     sa vie de célibataire "

le 28 juin, dépose d'un coup :
  - jambe de bois Friedland
  - Poinçonneur des Lilas
  - mes petites odalisques
  - la cigale et la fourmi (voir Velot page 129, texte génial!)

Parle sur le reste de s'Morelenne.
retourne chez ses parents. En soirée avec sa femme.

Le texte "Prêtez un garçon de 30 ans..." dit dans 3 Baudets avait que SG dira est écrit par Vian.

○ Chaussures en daim à bouts pointus
○ Pince de Galles ⎤ tenue.
• col Roulés
♦ cheveux ras
    une main en poche l'autre claquant des doigts.

350 spectateurs. public plus populaire qu'au Milord.

SG, au sujet de Clay: "L'idéal, ça serait qu'il meure, comme ça on nous foutrait la paix."

Bardot est avec son chien Distel.

Koralnik.

Bambara. Grande vedette.
        • Maninque en plateau
        • je m'en foutiste sur scène

RENCONTRER le psy de SG

Reçu chez Vian où il ignore ce qu'il se peut dit.
Vian appelle De Gaulle CHARLES XI. Sur son mur
est punaisée une affiche qui indique:
"Seul le collège de pataphysique n'entreprend pas de
sauver le monde"

Rencontre Gréco (il est intimidé, lui apporte une rose.)
Elle le surnomme chauve-souris.   ⎱ Scène?
Chanson "il était une oie"
En bioffe une oie dans un verre à whisky gravé,
il est si serveur qu'elle file par terre.

→ Gréco embrasse Gainsbourg.
← redevir partout. [La Gueule pique]
une colère. Récit Barbri?   ⎤ Juliette Gréco dit de Gainsbourg
    chanson: "il était une oie"

Gréco: "il en est quand même mort de ce non-amour du début.
on les voit bras dessus bras dessous.
elle: travailleur Charel.
        "Radio-programme de Canetti:
        tournée en province avec Brel,
        Barbra..."

Scène !
(Tourné avec Brel. Brel a une Pontiac décapotable. il
fonce à 150 à l'heure et jouet à se coller à la gueule:
des retours de fans attend Brel à la Jolie la plage.
Personne pour Gainsbury jusqu'au jour où une gare de
16 ans lui dit "moi je suis venue pour vous Mossieu Gainsbourg"
alors il pleure)

Va à Casablanca voir sa soeur Liliane.
joue se fait braquer il y arrive pas à
être invité par le Roi du Maroc.
    Heureux
        Partent en Yougoslavie tourner "le valeur de chevalin"
De Polonsky.
Birkin: j'étais la seule goy dans un film tourné par
    des juifs sur une histoire de juifs.
○ Serge fait la gueule seul sur une colline parce qu'il s'entend écraser
    disque de John Barry
♦ Marilu Tolo
quand joue le voit jouer du piano avec Marilu Tolo, elle est
tellement jalouse qu'elle veut un bébé

garder cette scène. Tournage. décor x tous en cosaque.
Chevalin. atmosphère électrique.
    avec Marilu Tolo, Serge clôre "La Noyée".
        garder cette scène et cette chanson

En tournage en Europe de l'Est: "je ne rêve que un petit trou trou qui
flic sa niche!"
S'arrête Jusqu'à Ghost RR de 1928: il n'a mi souffert à paris.
C'est grâce à ces 4 mois dans les Balkans qu'il retrouve le
jus sur Melody Nelson.

---

10 janvier 1971: sortie de l'enregistrement de Melody Nelson
    ...les ailes de la Rolls effleurent les pylones
    - le ciel est rose
    - Hôtel particulier
Dès qu'il a terminé, il fait voir ses parents chez lui pour leur faire écouter.
Gainsbourg New look coïncide avec cette époque: cheveux plus longs et mal rasé.
concept-album.

Joseph lit "Portnoy et son complexe" de Philip Roth

22 AVRIL 1971: Joseph meurt d'une hémorragie stomacale. 2h durant 75 ans.
L'aîné en deux ils décide le journée à 14h.
j'appelle la appelle.
Serge: "il est arrivé quelque chose à maman?"
    Houlgate
à sa mort, il a fermé le piano en signe de deuil.

21 juillet 1971: Naissance de Charlotte.   Scène
    Serge et Andrew se sautent la ligne de barrage en face de la
clinique et vont écouter au stéthoscope à la porte de la salle d'accouchement.

Charlotte malade. joue venu voir Charlotte au Middlesex Hospital.
il vient la voir mais elle est enregistrée sous "Birkin" et il y a
un reseau d'enfants dans les parages!

Rentre à pied à Chelsea après ça. traverse tout Londres à pied toute la nuit
"j'ai ai fait de promenade plus heureuse de toute ma vie".

Le Juif et la France

Scène 5 (apparition de la créature)

il passe sous l'affiche

la caricature le suit du regard

elle saute hors de l'affiche

musique inquiétante, au rythme des pas du garçon. il sent une présence derrière lui.

la Gueule prend son élan

il marche de plus en plus vite, la musique s'accélère et la gueule aussi fait le pas.

fait un bond

ils courent tous les deux

et atterrit juste devant le garçon

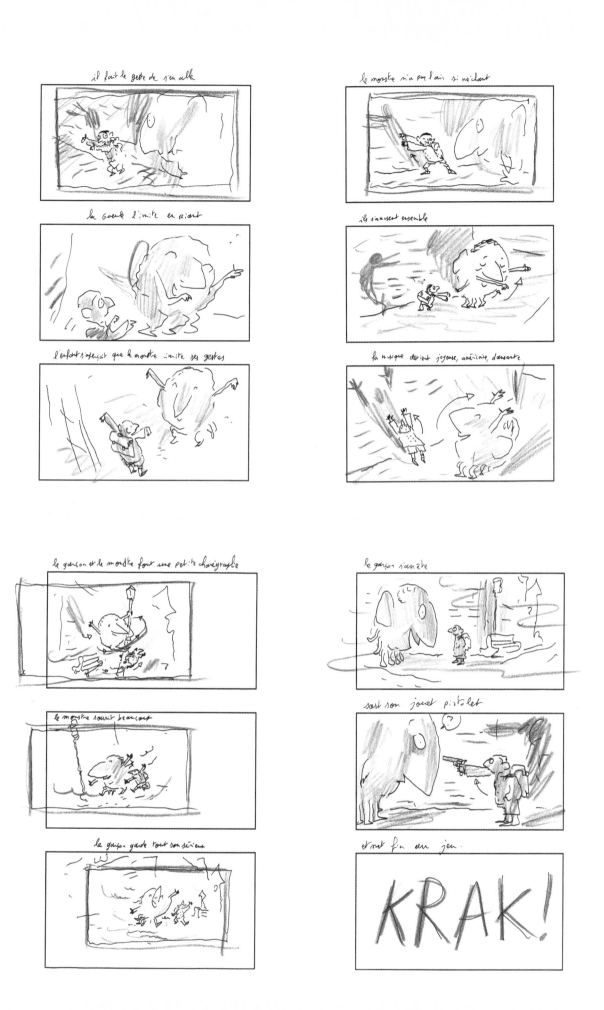

scène 3 inchangée. scène 4 inchangée. scène 5 voir storyboards dans l'autre cahier.

scène 6   KRAAAAK!

Lucien: – Aïeu!
Le père: – je t'apprendrai, moi, à voler des pistolets.
Lucien: Mamaan!

Scène 6: 1 seul plan.
3 possibilités: * soit on reste en plan fixe tout le long (j'aime mieux)
* Soit on commence sur la gueule du gosse et on élargit
* Soit on se rapproche du gosse et du père à la fin.

Scène 7

je peux au moins allumer la lumière?
tu m'allumes Rien du tout.
la mère: – Tu exagères

Scène 8

Plan 1

Lucien tremble et sanglote
il s'essuie une larme
HU! HU!

Plan 2

HA! HA!   C'est jean qui rit et jean qui pleure!

Rient de bon cœur. (est-ce que la caméra s'approche?)
Ha! Ha! Ha! Ha! Ha!

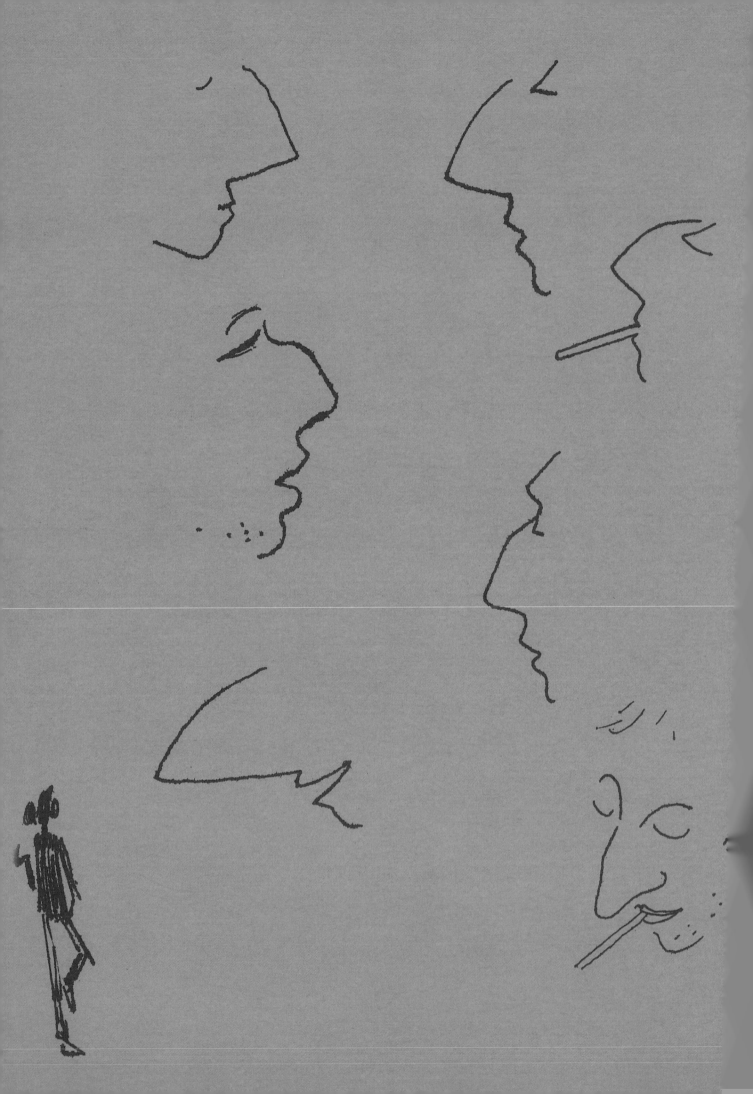

Du même auteur

CHEZ DARGAUD

Gainsbourg (hors champ)
Gainsbourg (images)
Le chat du rabbin *(5 tomes disponibles, T. 1 disponible en arabe et en hébreu,*
1 édition luxe n & b du T. 5, 1 intégrale des T. 1 à 3)
Merlin *(T. 1 à 4), avec Jose Luis Munuera*
Le minuscule mousquetaire *(3 tomes)*
Sardine de l'espace *(T. 1 à 4), avec Emmanuel Guibert*
Socrate le demi-chien *(3 tomes), avec Christophe Blain*
La Vallée des Merveilles *(1 tome)*
La Ville des mauvais rêves, *avec David B.*

CHEZ D'AUTRES ÉDITEURS

Le Borgne Gauchet — *l'Association*
Le Borgne Gauchet au centre de la Terre — *l'Association*
Les carnets de Joann Sfar (Harmonica) — *l'Association*
Les carnets de Joann Sfar (Ukulélé) — *l'Association*
Les carnets de Joann Sfar (Parapluie) — *l'Association*
Les carnets de Joann Sfar (Piano) — *l'Association*
Les carnets de Joann Sfar (Caravan) — *l'Association*
Noyé le poisson — *l'Association*
Paris-Londres — *l'Association*
Pascin *(7 tomes et 1 intégrale)* — *l'Association*
Le Petit Monde du Golem — *l'Association*
Petit Vampire Petite Voiture, *in Lapin* — *l'Association*

L'Atroce Abécédaire — *Bréal*
Le Banquet de Platon — *Bréal*
Candide de Voltaire — *Bréal*
Monsieur Crocodile a beaucoup faim — *Bréal*
Orang-Outang, *avec Sandrina Jardel* — *Bréal*
La Sorcière et la Petite Fille — *Bréal*

Les aventures d'Ossour Hyrsidoux *(2 tomes)* — *Cornélius*

Le bestiaire amoureux *(4 tomes)* — *Delcourt*
Les carnets de Joann Sfar (Greffier) — *Delcourt*
Les carnets de Joann Sfar (Missionnaire) — *Delcourt*
Les carnets de Joann Sfar (Maharajah) — *Delcourt*
Les carnets de Joann Sfar (Croisette) — *Delcourt*
Donjon *(37 tomes), avec Andreas, Bézian, Blanquet, Blain, Blutch, Boulet, Gaultier,*
Kéramidas, Kerascoët, Killoffer, Larcenet, Mazan, Menu, Moragues, Nine, Obion, Stanislas,
Vermot-Desroches et Yoann, en collaboration avec Lewis Trondheim — *Delcourt*
Petit Vampire *(7 tomes et 1 compilation des T. 1, 2, 4 et 6)* — *Delcourt*
Petrus Barbygère *(2 tomes et 1 intégrale), avec Pierre Dubois* — *Delcourt*
Les Potamoks *(3 tomes), avec Jose Luis Munuera* — *Delcourt*
Professeur Bell *(5 tomes), avec Tanquerelle* — *Delcourt*
Troll *(6 tomes), avec Jean David Morvan, O.G. Boiscommun et Thomas Labourot* — *Delcourt*

L'Homme Arbre *(2 tomes)* — *Denoël*

La Fille du professeur, *avec Emmanuel Guibert* — *Dupuis*
Les olives noires *(3 tomes), avec Emmanuel Guibert* — *Dupuis*

L'Ancien Temps *(1 tome)* — *Gallimard*
Klezmer *(3 tomes)* — *Gallimard*
Le Petit Prince, *d'après Antoine de Saint-Exupéry* — *Gallimard*

Contes et récits des héros du Moyen Âge, *avec Gilles Massardier* — *Nathan*

Site internet :
http://www.toujoursverslouest.org/joannsfar

Conception graphique :
Philippe Ravon & Camille Aubry

© DARGAUD 2010
PREMIÈRE ÉDITION EN 2009
Imprimé sur un papier issu de forêts gérées durablement.
Tous droits de traduction, de reproduction et d'adaptation strictement réservés pour tous pays.
Dépôt légal : janvier 2010 • ISBN 978-2-205-06431-5
Imprimé en Italie